U0057898

學校效能及校本管理

發展的機制

鄭燕祥　著

✳ 作者簡介

　　鄭燕祥教授現任香港教育學院研究及國際合作中心總監、教授。兼任亞太教育領導及學校素質中心主任。獲任大學資助委員會委員、研究資助局專責委員等多項公職。

　　鄭教授在哈佛大學取得博士學位，曾任學校教師、副校長、顧問、研究員、香港中文大學香港教育研究所副所長、教育管理與政策系教授。在教學和研究方面均有廣泛豐富的經驗。他曾在大學教育資助委員會研究資助局的競爭性研究撥款支持下，對教育效能、教育素質和學校管理變革等課題作過多項專題研究。

　　鄭教授著作甚豐，先後在英國、美國、荷蘭、澳大利亞、印度、泰國、香港地區、臺灣地區以及中國內地學術刊物上，發表論文一百五十餘篇。出版如《學校效能與校本管理：發展的機制》（英國）等專著八本；先後獨力主編或與他人合編，如《亞太地區的教育變革與發展：未來的挑戰》等專題學術文集多種。部分著作除中、英文外，也曾被翻譯為希伯來文、韓文、西班牙文和泰文。

　　由於研究成就卓越，鄭教授得到國際教育界的稱譽，並屢獲獎項。一九九四年，他在《教育管理國際學報》上發表的論文《校本管理的理論和特色》更贏得英國 Literati Club 主辦的卓越獎。一九九六至九七年及二〇〇〇年，鄭教授自著或合著的另外四篇論文也獲得 Literati Club 的崇高讚譽。自一九九六年以來，四篇

論文獲安巴電子情報（ANBAR Electronic Intelligence）優秀引證獎。一九九九年獲香港教育研究會研究會士獎。從一九九四年至二〇〇一年，先後二十次應邀出席聯合國教科文組織（UNESCO）、亞太經合會（APEC）、學校效能與改進國際議會、澳大利亞教育行政議會、國際教育研究論壇、日本教師教育研究學會等重要國際組織，及中國國家教委（現更名為教育部）、以色列教育部、印度教育部、泰國教育委員會等政府機構主辦的大型國際研討會，並發表主題演講。自一九九〇年以來，曾在世界各地的國際研討會，發表學術論文超過一百篇。

目前，鄭教授是《亞太教師教育與發展學報》主編，又是多份國際學術刊物的顧問編委。除了教學和研究，鄭教授還為教育工作者主持過不少研討會和工作坊，並擔任教育專業團體的顧問。

✳ 中文版序言

　　拙作《學校效能與校本管理：發展的機制》（*School Effecti-veness and School-based Management: A Mechanism for Development*, Falmer Press, 1996）的中文版，承蒙臺灣心理出版社厚愛，為我出版，深表謝意。

　　新世紀，急速全球化帶來挑戰，資訊科技發展帶來衝擊。亞太區及全球其他地方，都出現無數的教育改革及學校重整運動。「校本管理」〔學校為本管理（School-based Management）〕改革運動，代表著一個主要的全球性動力，致力提高教育素質及學校效能。不過，很多決策者、教育工作者、學校工作者、教育署官員甚至學者，未必對校本管理有全面的理解，包括它的本質及理論。它對改進學校表現及學生學習產出如何有效，及如何可以採用正確方法成功實施校本管理，人們往往了解不多。所以，不少改革始於良好願望，卻終於失敗。

　　得悉過往幾年，拙作在世界各地，對校本管理的研究、政策辯論及實施有些貢獻，本人作為這書的作者，深感欣慰。現在有不少大學及改革推動者，採用本書作為學校管理訓練及研究之用，其中除歐美外，亦包括亞太區國家，如韓、日、中、印、巴、泰等。最近，這書的韓文版，三月中亦已在韓國出版。近年，不少國家及國際組織邀請本人擔任主題講者，分享校本管理及教育改革的決策及實踐的研究成果。本人有幸藉此認識不少決策者、教

育工作者及學者，從澳洲、以色列、泰國、臺灣、中國大陸、以至匈牙利、英國及加拿大都有。見到他們努力改革學校及追求學校效能的熱誠，深受感動，至為敬佩。今年四月，受以色列政府邀請主講校本管理的新願景，目睹他們舉國改革學校的決心，印象至為深刻。

上述各地的經驗及印象加強本人的信念，校本管理就是國際性學校重整運動，而從研究及改革努力所得的知識，應該是全世界分享及進一步發展的國際資產。所以，本人希望兩岸三地的教育工作者、決策者及研究者，在新紀元努力改進學校發展教育時，本書也對他們有些用處。

藉此機會，多謝本人的研究合作者及以前的博士生張永明博士、阮邦耀博士、譚永明博士及伍國強博士分別對本書第五、七、八及十章的貢獻。同時，也在此對 *International Journal of Educational Management*、*School Effectiveness and School Improvement*、*Education Journal*、*Educational Research Journal* 及 *Journal of Primary Education* 等學報准用本人已發表的材料，寫作本書，深表謝意。當然，因時間及能力所限，翻譯及編寫的錯漏自所難免。懇請讀者愛護指正，非常感激。最後，祝願各位讀者及教育工作者，因教育改革發展的成功，為我們的學生帶來美好的未來。

鄭燕祥

二〇〇一年十月

🟊 導論

　　現時，從西方的英、美、加等地到亞太區的澳、紐、中、港等，正積極推行教育改革及學校重構運動，致力於提高教育效能及學校發展。改革運動，主力集中尋求有效能學校、轉為校本管理（School-based Management）、強調學校發展計畫、確保學校教育素質，及實施各樣學校重構計畫。縱觀此等形形式式的改革，不出以下幾個趨勢：

- **從改進到發展**：先前強調的教育改進（Improvement）轉到教育發展（Development）。傳統的教育改進，往往假定學校目標明確而不變；當學校達不到這些目標就需要改進。今天，教育環境迅速改變，而學校目標也不再明確不變了。學校迫切需要在各重要方面，如學校目標、教職員、組織結構、學校過程，以及管理、教學及學習各重要方面持續發展，始能適應轉變中的環境。長遠的學校效能，有賴學校持續發展。理念上，學校改進是狹窄、短期及補救性概念。相反，學校發展卻是全面、長遠及形成性概念。

- **從數量到素質**：教育數量（Quantity）轉到教育素質（Quality），這個轉移是明確的。人們不再滿足於學校提供的教育服務數量，他們對素質更為關注。大部分現行教育改革的主要課題，不離教育的素質、如何迎合學校成員較高而不同的期望，及如何提高及確保學校教育素質。

- **從維持到效能**：傳統上，人們對於校內發生的事較為關注，並且盡量避免麻煩，以維持學校正常運作。學校是否有效能卻常被忽略。不過，維持每天的運作不能滿足高素質學校教育的需求。現行的學校改革目的，就是由學校維持（School Maintenance）轉到發揮最大學校效能（School Effectiveness），以服務不同的教育需求。

- **從外控到校本管理**：學校管理由外在控制（External Control）常模轉到自我管理（Self Management）常模或校本管理常模，已成事實。傳統的中央集權管理，常常忽略校本需要；由於無效能及過分欠缺靈活性，很難生出校本主動性及配合改變中的校本需求。目前的學校改革，十分鼓勵權力從中央下放到學校層面、學校自主、自我管理及學校成員參與，以助長學校發展及學校效能的校本主動性。

- **從簡單技術到成熟科技**：現時的學校改革，重視學校管理及計畫，應用成熟的科技取代過往的簡單技術。這個轉變是明顯的。傳統上，一向假設學校目標是明顯、靜止、標準及由中央教育權力頒定；學校全受外在控制，倚賴中央權力管理。所以，無甚需要應用精鍊的科技，應付環境轉變的衝擊。今天，隨著改革中種種的轉變，成熟的科技如策略管理（Strategic Management）、發展計畫（Development Planning）、參與管理（Participative Management）及素質保證（Quality Assurance）等，十分受重視，並在學校推動。

　　教育及學校改革的潮流及發展，已有不少先前的知識、研究及政策，尤其有關學校效能及校本管理範疇方面。但與牽涉大量學校教師及學生的現行大規模教育改革相比，顯然不足以支持改革的實施。難怪，不少改革始於良好意願，卻終於困惑失敗。顯然，迫切需要多些實徵研究及理論建立，以支持現行的教育改革及學校重構運動。尤其在現階段，若要為現行的改革帶來任何突破，如何整合學校效能研究、校本管理及學校策略管理的不同發展，成為銜接的架構，以及為持續追求學校發展及效能，建立一個機制，是關鍵問題。

　　本書理念，是根據一九九四年作者於澳洲墨爾本舉行的學校效能及改進的國際會議，發表的主題演講衍生出來。書中，提出以整合而動態的觀點，理解學校效能及校本管理的複雜性質；從而發展一個理論，以建立追求學校發展及效能的校本管理機制（School-based Management Mechanism）。全書分三部分。第一部分，聚焦在有關學校功能及學校效能的基本問題、概念及理論。第二部分，解釋校本管理及多層面自我管理的理論；並發展一個學校發展的校本管理機制。第三部分，就領導、教職員發展、課程改革及校本改革等各方面，解釋校本管理機制的實踐。

　　學校效能的概念，雖然常在研究及實踐中出現，但還是比較模糊的，若不透過討論學校有什麼功能，很難理解學校效能概念。所以，本書第一章會先討論學校的功能。學校功能在個人、機構、社區、社會，以至世界各層面上，均有技術／經濟功能、人際／社會功能、政治功能、文化功能及教育功能。根據學校功能的本質，學校效能可多達二十五種。由此可見，學校效能的傳統概念

顯然是過於簡單化，忽略了學校效能分類間的複雜關係。學校效能研究須有新的方向。第二章的八個學校效能模式，包括目標模式、資源─輸入模式、過程模式、滿意模式、認受模式、組織模式、無效能模式及全管理模式。這些模式如何與學校效能分類相關？如何在多元指標上發揮最大學校效能？這些都是研究及實踐上重要的問題。第三章，將會提出一個動態觀點，討論有關課題。根據這個觀點，學校若能適應改變中的內、外環境，就長遠而言，達到多元成員的多元目標，則可以稱為有效能。

校本管理的興起，與學校效能的追求關係密切。第四章，介紹校本管理的理論及特徵，解釋校本管理如何發展，成為幫助學校追求學校發展及動態效能的必需條件。同時，校本管理之利，可藉策略管理與自我管理之整合，在學校多個層面上進一步發展及加強（第五章）。

除了校本管理及多層面自我管理理論，也要考慮學校過程特徵，始能建立追求學校發展及動態效能的校本機制。第六章，歸納學校過程矩陣理念，提出層塊管理（Layer Management）新概念，並以此建立一個全面的管理單元。學校科技（School Technology）及學校文化（School Culture）矩陣理念，有助理解內部學校運作。協調原理的提出，可助解釋內部學校過程的原理，及指引管理、教學及學習的活動。最後，基於校本管理理論，多層面自我管理概念、層塊管理概念、學校科技及學校文化的矩陣及協調原理，也提出了一個校內實踐的有效校本管理機制（第六章）。

校本管理機制，基於校本管理的理論及實踐的近期發展，整合而來，是全新的概念。由於本理論與傳統思維相當不同，在實

踐方面，也就異於現行學校的做法。發展、建立及實施這機制的動力，就是領導。根據這機制的理論，必須重整領導的本質及功能。所以，第七章提出策略領導（Strategic Leadership）及層塊領導（Layer Leadership）兩個新概念。

　　教職員發展及課程改革，是目前教育改革重要元素。兩者能否成功實施，往往直接影響長遠學校效能的發展。基於校本管理機制的新意念，校本教職員發展及校本課程改革的實踐，與傳統不同。第八、九章，介紹另一些可供選擇的管理模式。

　　學校改革有外加的及校本的改革。校本管理機制提供的架構，幫助校本改革持續朝向長遠的學校發展。第十章，循新機制發展出校本改革的理論及策略。

　　上述提出的學校效能及校本管理的理論及概念，異於傳統思維，為現行及將來教育改革及學校重構運動的研究、政策及發展，帶來一套新的啟示。希望研究者、教育工作者、教師、教育行政人員、政策制訂者、改革顧問及所有參與學校改革的人士，有機會反思現行發展情況，及以全面觀點成功發展他們的學校。相信本書，對現行及將來世界各地學校發展及學校效能的工作，有所貢獻和幫助。

✳ 目錄

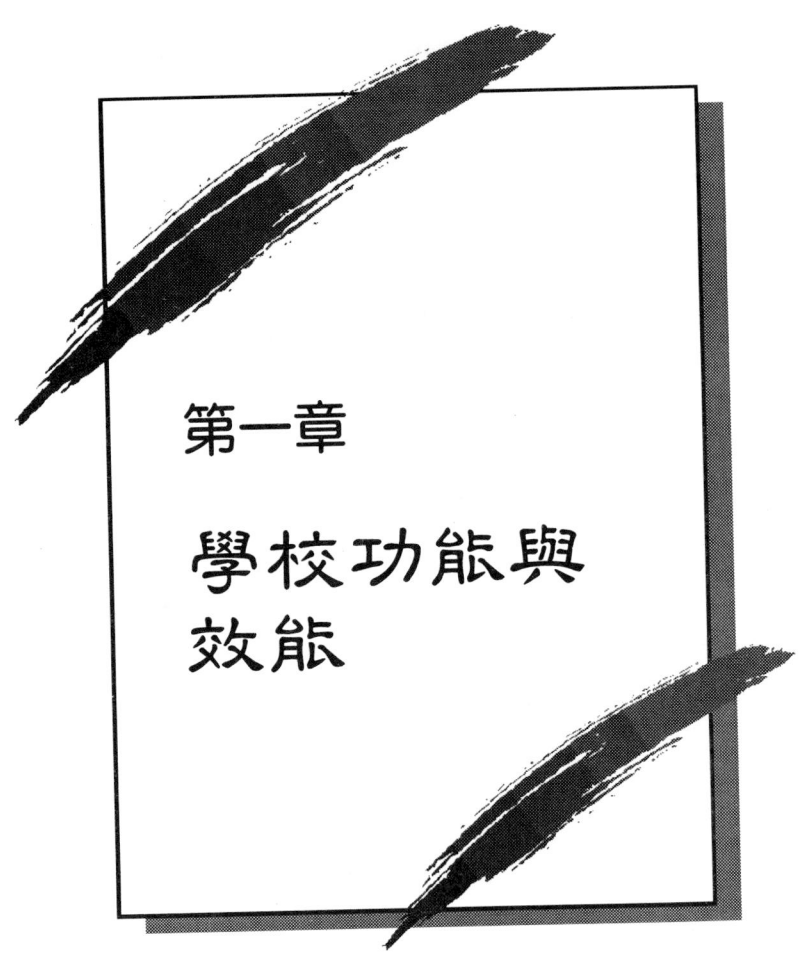

第一章

學校功能與
效能

「學校效能」（School Effectiveness）一詞，雖常在有關學校管理及改進的文獻上出現，但我們得出的概念卻還是含糊的。對不同的人，學校效能可以有很不同的定義，而且往往與「學校效率」（School Efficiency）混為一談。至於「效能」這個理念的關鍵元素，例如「什麼準則（Criterion）」、「誰下的定義」、「如何評估」、「何時評估」，及「受制於何種環境約束」等，也是問題重重，因為似乎沒有能被所有人接受的評估標準（Cheng, 1993j）。學校處於變遷及複雜的社會情境，受制於有限的資源，也涉及多類成員：例如教育機關、學校行政人員、教師、學生、家長、納稅人、教育家及公眾。而各有關人士，對學校功能和目標的期望，明顯分歧，有重視短期效果，亦有強調長期功能；有側重社會整合（Social Integration）功能，亦有著眼於個人成長（Personal Growth）。在這樣的社會情況下，若不先討論學校的功能（School Function），要明白學校效能是頗不容易的。學校功能或目標不同，表現的效能也有別。例如，某些學校長於協助學生的個人成長，而另一些會精於培養能幹技術人才，以滿足社會的需求。所以，當我們要研究學校效能時，先要弄清楚學校的目標和功能。

學校的多元功能

二十多年前，Averch、Carroll、Donaldson、Kiesling 和 Pincus 在回顧美國學校教育的效能時指出：「大半世紀以來，美國公立

學校，一直被視為發揮以下五種重要功能：群化功能（Socializing Function）：是一種多民族社會中的團結及紀律力量；分類功能（Sorting Function）：鑑定學生將來的角色；看管功能（Custody Function）：替父母看管子女；知識技能訓練：發展一般識字能力及至少一種與工作有關的技能；及發揮創造力與自信：發揮個人的特質」（1974, p.3）。一九八九年，美國總統召開的教育高峰會，全國首長議決一次歷史性任務，就是改變國民教育之重點。他們實行以下六個國民教育目標作為起點：

　　一、公元二〇〇〇年，全美學童均能入學讀書；

　　二、公元二〇〇〇年，中學畢業率至少增加至 90%；

　　三、公元二〇〇〇年，完成四年級、八年級及十二年級的學生，在英文、數學、科學、歷史及地理各科均能達到一定水平；而美國學校，均能確保所有學生好好進德修業，預備成為負責任的公民，繼續升學，及躋身現代經濟體系中一展所長，努力作出貢獻；

　　四、公元二〇〇〇年，美國學生的科學及數學能高居全球首位；

　　五、公元二〇〇〇年，全美成年人均能閱讀，擁有能於全球經濟發展中所需的知識及技能，並履行市民的權利和義務；及

　　六、公元二〇〇〇年，全美每所學校，均能免除暴力及毒品的威脅，提供一個有紀律的環境，供學童學習（The National Education Goals Panel, 1992, pp.4-5）。

從這些目標看來，美國學校的功能，包括提供一個有紀律的

環境（機構層面），協助美國學童學習至成功畢業（個人層面），獲得學科能力，尤其是數學及科學方面；並成為盡責的市民（社區層面），繼續學業，及在配合現代全球經濟上，具競爭力（國家及國際層面）。草擬上述目標時，全國委員會（National Panel）十分強調教育制度對國民力量及國際經濟競爭的貢獻。以上的教育目標，要求學校具有多元的功能（multi-functions），包括個人、機構、社區、國家及國際層面（同上，1992, p.2）。

香港方面，學校教育服務的基本目的，是發展學童的潛能，使之成為思想獨立及關心社會的成人，擁有知識技能，處事態度成熟，過充實的生活，並對本港社會作出積極的貢獻（Education & Manpower Branch, 1993, p.8）。所以，學校的目的，為傳達以下的服務（pp.14-22）：

一、對個人方面，無論學生的能力為何，每間學校都應協助所有學童，包括需要接受特殊教育者，發展學業及非學業的最大潛能（p.14），包括閱讀能力、數理能力、實用工藝技術、社會政治及公民意識、個人成長、生理發展及文化美育發展；及

二、對社會方面，學校教育須切合社會需求，培養對香港社會及經濟發展有貢獻的人（p.14）。

香港的教育目標，也顯示學校應該有多元功能，且涉及不同層面。

根據社會學的「功能主義」（Functionalism）或「衝突論」（Conflict Theory），學校除了教育學生外，在社會上，還有不同層面的外顯或內隱功能（Explicit or Hidden Functions）（Blackledge & Hunt, 1985; Cheng, 1991a）。舉例來說，功能主義認為，學校教育有利社會流動（Social Mobility）及變遷，而衝突論則認為，學校教育複製階級結構（Class Structure）及維持階級不平等。整合一般認同的目標（例如 Bolman & Deal, 1991a; Kazamias & Schwartz, 1977; Townsend, 1994），參考有關組織及發展的研究，我們可以把學校潛在的功能，分為五類：技術／經濟功能、人際／社會功能、政治功能、文化功能及教育功能，如表 1.1 所示。以下就五種功能加以分述：

技術／經濟功能（Technical/Economic Function）：學校對個人、機構、社區、社會及國際技術或經濟的發展，均可有貢獻。在個人層面（Individual Level），學校幫助學生，獲取知識及技能，使能於現代社會或競爭經濟下生存，同時，提供教職員專業才幹及技術成長的機會。在機構層面（Institutional Level），學校是提供優質服務的機構，又是學生、僱員及有關人士生活或工作的地方。在社區（Community Level）及社會層面（Society Level），學校為本地社會的經濟系統，供應優質的人力，塑造學生的經濟行為（Economic Behavior）（未來的顧客及市民）（McMahon, 1987），同時維持該經濟體系人力結構（Manpower Structure）之穩定及發展（Hinchliffe, 1987）。在國際層面（International Level），學校教育為國際競爭、經濟合作、保護地球，以及科技資訊交流，提供所需之高素質動力。

人際／社會功能（Human/Social Function）：學校對社會不同層面的人際發展及社會關係，有一定功能。正如差不多所有正規的教育目標所示，在個人層面上，學校幫助學生個人心理、社交

表 1.1 五層面五類別之學校功能

	技術／經濟功能	人際／社會功能	政治功能	文化功能	教育功能
個人層面	• 知識及技能訓練 • 就業訓練 • 提供教職員職業	• 心理發展 • 社交發展 • 潛能發展	• 公民態度及技巧發展	• 使有修養有文化 • 社會化以價值、規範及信念	• 如何學習及發展 • 如何教育及輔導 • 專業發展
機構層面	• 生活場所 • 工作場所 • 服務組織	• 社會實體／系統 • 人際關係	• 政治社會化場所 • 政治聯盟 • 政治談論或批評場所	• 文化傳播及產生中心 • 文化再生及整合場所	• 學與教場所 • 傳授知識中心 • 教育改革及發展中心
社區層面	• 照顧社區之經濟需要	• 照顧社區之社會需要	• 照顧社區之政治需要	• 照顧社區之文化需要	• 照顧社區之教育需要
社會層面	• 供應優質人力 • 改變經濟行為 • 影響人力結構	• 社會整合 • 社會流動／階級複製 • 社會平等化 • 人力資源選配 • 社會發展改革	• 政治合法化 • 政治結構之維持及延續 • 促進民主 • 政治發展及改進	• 文化整合延續 • 文化複製 • 文化資本產生 • 文化新生	• 教育專業發展 • 教育結構發展 • 知識資訊傳播 • 學習的社會
國際層面	• 國際競爭 • 經濟合作 • 國際貿易 • 科技交流 • 地球保護 • 資訊交流	• 地球村 • 國際友誼 • 社會合作 • 國際交流消除國家／地域／種族／性別偏見	• 國際聯盟 • 國際了解 • 和平／反戰 • 共同利益 • 消弭衝突	• 欣賞不同文化 • 接受跨國家／地域文化 • 發展全球文化	• 發展全球教育及合作 • 國際教育交流 • 教育為全球

及生理的發展，並盡量發展他們的潛能。在機構層面上，學校是一個由不同人際關係組成的社會實體（Social Entity）或社會系統（Social System），其中社會氣氛及關係的素質，往往決定教師及學生的社群生活及學習生活素質。故此，學校提供有素質的環境，是重要的功能。在社區及社會層面上，根據功能主義的觀點，學校服務社區及社會的需求，對社會多樣及分歧的組合分子發揮整合作用，有助於現存階級結構內的社會流動，為所有不同背景的人獲致社會平等，並挑選及分配有能之士，擔綱重任，更有助長遠的社會改變和發展（Cheng, 1991a）。衝突論提出另一觀點，認為學校複製現存的階級不平等（Class Inequality），使社會不平等延續下去（Blackledge & Hunt, 1985）。基於全球發展日益受關注（Beare & Slaughter, 1993），人們期望學校扮演更重要的角色，幫助學生將來在國際層面上，致力國際和諧、社會合作及全球人際關係，消除有關國民、地區、種族及性別的偏見；長遠來說，使本地及國際社會同樣受惠。

　　政治功能（Political Function）：學校對社會的政治發展，也有不同層面的功能。個人方面，學校幫助學生發展正面的公民態度、掌握履行市民責任及權利的技巧。機構層面上，學校整體地，把學生納入一套認許的政治規範（Political Norms）及價值信念裏，有系統地社會化他們。學校往往成為教師、家長及學生的無形政治聯盟（Coalition），有助穩定政治力量結構。在社區及社會層面上，學校也照應了本地社會的政治需要，強化當前政府權力的認受性（Legitimacy），維持政治結構的穩定，促進民主意識及民主運動，及使計畫中的政治發展及改變，易於進行（Thomas,

1983）。國際間，日漸重視彼此的依賴，學校教育因而需要在國際理解、全球共同利益（Global Common Interest）、國際聯盟、和平運動（Peace Movement），及消弭地域及民族間矛盾等幾方面，作些準備工作。看來，為了世界長遠的利益，學校在國際層面上的政治功能十分重要。

　　文化功能（Cultural Function）：學校對不同社會層面的文化傳遞及發展（Cultural Transmission and Development），有一定貢獻。個人層面上，學校幫助學生發展創造力及美感，並以社會認許的規範、價值及信念社會化（Socialize）他們。在機構層面，學校有系統地，把文化傳到下一代；整合多元及歧異的次文化（Subcultures），並為過時的傳統文化重新賦予活力。在社區及社會層面上，學校往往是帶著外顯規範及社區期望的文化單位，傳遞社會的重要價值及建制給學生，整合不同背景的次文化，並使現存文化的力量再呈活力，減少社會或族群間的矛盾及損耗，為國民利益建立統一力量。當然，衝突理論提出另一種看法，他們認為，對於社會不同階級，學校以不同的價值信念——不同文化資本（Cultural Capital）社會化學生，結果是有人受惠於高級的文化資本，而另一些則受著貧窮文化之苦（Apple, 1982; Cheng, 1991a; Collins, 1971; Giroux, 1981）；換言之，學校使社會文化之不平等（Social Inequality）延續。明顯地，功能主義及衝突論，各持不同觀點。國際層面方面，學校鼓勵學生欣賞不同民族、地域及階層的文化，理解及接受來自不同國家地域的規範、傳統、價值及信念，透過不同文化的整合，也就帶動了全球文化的發展。

　　教育功能（Education Function）：學校有發展及維持社會不

同層面的教育功能。傳統上，教育只被視為達致經濟、社會、政治及文化等目標的手段。由於世界各國的迅速發展及改變，人們開始接受，教育本身可作為重要的價值及目標。適應急促變遷的時代，教育代表學習及發展，現已成為生活必需的成分，正如經濟、政治、文化及社會關係一樣。教育的內容、制度及結構，需要發展及維持，也涉及三層面。個人層面上，學校幫助學生學會怎樣學習，幫助教師學會如何教學；同時也幫助教師的專業發展，以收教學相長之效。機構層面上，學校是提供有系統的學習、教學及傳播知識的場所，同時，又是進行有系統的教育改革及發展的實驗及實施中心。社區及社會層面上，學校為社區不同的教育需要，提供服務，幫助教育專業及教育結構的發展，傳授知識資訊給下一代，並有助社會成為學習的社會（Learning Society）。為鼓勵民族間彼此的了解，並協助年輕一輩建立一個「全球大家庭」或「地球村」（Global Village），學校可在全球教育（Global Education）及國際教育（International Education）的交流及合作方面盡力，為全世界的教育作出貢獻。

如表 1.1 所示，學校的五類功能，在五個層面上，就構成二十五種。從時間長短來看，學校功能，又可分為長期功能（Long-term Function）及短期功能（Short-term Function）兩種。長期功能，指學校在一段長時間產生的持續功能（例如超過幾年）。這些功能都重要，雖然未必顯現出來。短期功能，指學校短期內產生的外顯功能（例如幾個月或少於幾年）。一般來說，每類學校功能（包括技術／經濟功能、人際／社會功能、政治功能、文化功能及教育功能），都可能同時存在著長期及短期功能，不過，

在個人及機構層面上，短期功能較容易看得出來。

　　不同的人對學校功能往往有不同的期望。有些人，重視學校內部的技術功能，而其他人，可能較重視社區或社會層面的長遠影響。在國際層面的學校功能，在過往未受重視，近年已漸受關注（Beare & Slaughter, 1993）。

　　不同學術範疇（Academic Disciplines），會強調不同類別或不同層面的學校功能研究。例如，教育心理學（Educational Psychology），會較著重個人層面的學校功能；教育社會學（Sociology of Education），則強調社會層面的學校功能，尤其是與社會流動、平等及階級形成等有關方面；教育經濟學（Economy of Education），則明顯著重學校在各層面的經濟功能；至於學校管理研究（School Management Studies）或組織行為學（Organizational Behavior Science），自然比較關注機構層面的學校功能了。所以，有關學校功能的研究，不同學術範疇的焦點，顯然有別。

　　基於學校功能的不同信念，學校管理及改進便有不同的策略及政策。傳統上，人們對學校功能的觀念比較狹隘，只有個人層面的技術及社會功能較受到重視。由於忽略許多其他學校功能，學校改進的決策及管理也就受到很大的限制，往往顧此失彼。若教育改革政策的信念，只建基於個人層面的技術功能，當然難期望改進其他層面的其他功能。

　　進一步來說，有關學校效能的研究，也應具備上述學校功能多元性（包括五類別、五層面）的構想，全面掌握學校功能的含義，清楚研究的限制性及焦點所在，避免以偏概全。這個多元性功能的分類，可提供一個共同架構，比較不同類型不同取向的學

校效能研究，然後再作綜合發展。以下將基於學校功能多元性，探討學校效能研究的發展方向。

學校效能的分類

　　基於學校功能的概念，我們可以給學校效能下個簡單定義：**學校效能**就是學校在固定輸入下，可以表現出來的功能的程度。由於學校有五種功能，學校效能也相應地分為技術／經濟效能（Technical/economic Effectiveness）、人際／社會效能（Human/ social Effectiveness）、政治效能（Political Effectiveness）、文化效能（Cultural Effectiveness）及教育效能（Educational Effective-ness）五類。舉例來說，技術效能就是學校發揮技術功能的程度。又由於學校功能有五個層面，所以學校效能也可以從五個層面表現出來，包括個人層面、機構層面、社區層面、社會層面及國際層面的學校效能。這樣一來，五類別與五層面結合，就可界定出二十五種學校效能，如表 1.2 所示。

表 1.2　學校效能分類

	技術／經濟效能	人際／社會效能	政治效能	文化效能	教育效能
個人層面					
機構層面					
社區層面					
社會層面					
國際層面					

根據輸入－輸出觀點（Input-Output Perspective），從學校可產生的學校功能與學校輸入的比較，可看出學校效能的高低。我們假定，這個初步的意念可以接受，就可採用 Lockheed（1988）的方法，進一步分辨學校效能與學校效率（Cheng, 1993）。

- 學校效能——學校非金錢的（non-monetary）的輸入或過程（例如課本數量、課室組織、教師專業訓練、教學策略、學習安排等），其與輸出功能比較，可估計出「學校效能」。

- 學校效率——學校金錢性（monetary）的輸入（例如每學童的津貼、書籍價錢、薪金、機會成本等），其與學校輸出功能的相比，則可估計出「學校效率」（school efficiency）。學校效率也可以依照學校五層面五類別的功能，組成二十五種，即技術／經濟效率、人際／社會效率、政治效率、文化效率及教育效率，各自涵蓋個人、機構、社區、社會及國際層面而成。

把學校效能（或效率）分為二十五種，有助澄清要研究的效能種類。「學校效能」一詞，已廣泛用於過往研究中，不過所指各有不同，例如有些著重學校社會效能，而另一些則著重經濟效能或文化效能。我們要指出，五類效能間、五層面效能間，以至效能與效率間的關係，都可能很複雜，且不一定有正面關係。學校在個人層面有高技術效能，不等於在社會層面有高技術效能或社會效能，即使人們往往假定有這種正面關係（Grosin, 1994）。舉例來說，有些學校成功的技術訓練，並不表示會提高社會的生

產力，因為學生投身社會以前所學的，也許已經過時或無用。再者，不少激進觀點的研究，挑戰有關學校對社會平等化（Social Equalization）有積極效能的傳統信念，指出學校往往未能促進社會平等，反而，有延續社會階級不平等的作用（Blackledge & Hunt, 1985; Cheng, 1991a）。因此，學校即使在機構層面有較高的技術效能，也不一定能產生所期望的、推動社會平等化的效能。很大程度上，技術效能與社會效能或文化效能的關係，在教育社會學中，是頗具爭議性的；而且，技術效能與技術效率的關係，也未必是簡單的。這是教育經濟學研究範疇的熱門課題（Cheng & Ng, 1992；Psacharopoulos, 1987）。

一般來說，學校在幾方面表現高效能，未必在二十五種效能中的其他方面，有相仿的表現。再者，提高一種效能，也未必表示其他方面會跟著提高。同樣，提高一層面的效能，也不表示其他層面的效能能有所改進。目前，有關各效能間關係的研究相當缺乏，我們所知的實在不多。所以，我們討論學校效能時，要留意這點。這個多層面多功能的學校效能概念，與舊概念相比，可望對往後的研究、決策及實施，提供一個新方向。

傳統上，研究學校效能，只基於簡陋的學校效能構思，只涉及個人及機構層面的技術／經濟效能及社會效能，忽略了學校效能的多元性及複雜性，這無疑大大限制了研究結果對學校改進及發展的指引作用。新的研究方向，要考慮廣義的學校效能構念，應涵蓋個人、機構、社區、社會及國際層面，並且兼顧短期及長期的效果。

過往的研究，偏重技術／經濟及人際／社會的效能，而且假

定，學校有關人士（例如家長、學生、教師、行政人員、教育部門、經濟部門、社會部門、決策者、公眾等）的期望，沒有多大分別，當然也沒有層面上的不同。這樣一來，便可能忽略了因各成員對學校效能期望之差異而產生的矛盾。事實上，如果我們同意學校功能是多元的、而各人對學校的期望又有差異的話，我們應採用何種管理手法去提高學校效能呢？這些矛盾，應該是現時學校效能運動要關注的焦點，也是學校效能研究的重要課題，不可忽略。當然，如何減少這些矛盾，使學校能在不同層面間及不同效能類別間，獲得最大協調（Congruence），也是關鍵的研究課題（見表 1.3）。

　　傳統的信念，基於簡陋的構思，假設學校效能各類別間、各層面間，或效能與效率間，均有正面關係，而這些關係，是毋須研究及管理的。關於這一點，我們已討論過，事實上，這信念是問題重重的，因為這些關係，可以是非常複雜且未必是正面的，一方面的效能提高了，並不等於另一方面同樣提高。所以，當我們追求學校效能時，為使彈無虛發，研究這些關係是必要的。再者，以往學校效能的研究，往往只限於單一學科（例如教育心理學），或依靠單方面的努力，這顯然是不足以研究學校效能的複雜性。我們研究學校效能，應加強各學科間（例如教育心理學、教育經濟學、教育社會學、人類學、組織理論等）之合作。研究重點應包括多層面多種類效能、各類效能間之關係、各層面間之關係，及效能與效率間關係。此外，我們必須發展一個全面的理論，一方面解釋各相互的關係，同時為學校效能的提高，給予實踐的指引（見表 1.3）。

表 1.3　**學校效能研究之舊傳統與新方向**

	新方向	舊傳統
學校效能本質	• 基於多元學校功能理念：技術、社會、政治、文化及教育等功能 • 多層面構念：個人、機構，社區、社會及國際層面 • 兼顧長期及短期效能	• 基於簡單學校功能理念：只在技術及社會兩方面功能 • 兩層面構念：著重個人及機構層面 • 短期效能為主
學校效能期望	• 不同成員對學校效能有不同期望 • 存在矛盾	• 偏重技術或社會效能，認為成員間期望分別不大 • 忽視矛盾
假設關係	• 效能類別間有複雜關係 • 層面間有複雜關係 • 效能效率間有複雜關係 • 這些關係不一定是正面，須研究及管理	• 效能類別間有正面關係 • 層面間有正面關係 • 效能效率間有正面關係 • 毋須研究及管理這些關係
研究範疇	• 須科際合作	• 限於單一學科，各自研究
研究討論焦點	• 多類別效能 • 多層面效能 • 類別間關係 • 層面間關係 • 效能效率間關係	• 單類別效能 • 單層面效能
管理及政策啟示	• 盡量發揮多層面多類別效能 • 盡量發揮多層面多類別效率 • 須確保類別間協調 • 須確保層面間協調 • 須確立效能效率間協調	• 主要發揮某層面的個別效能 • 主要發揮某層面的個別效率 • 毋須理會類別間協調 • 毋須理會層面間協調 • 毋須理會效能效率間協調

　　傳統上，只有在一兩個層面的某類別學校效能，受到重視及研究，其他類別的效能多被忽略，也不理解各層面間及效能與效率間協調性的重要；無怪乎，許多改善學校效能的政策不是失敗，就是徒勞無功。當我們了解學校效能是多層面多元化之後，則採取的政策及管理方向，也就要指向發揮多層面、多種類的學校效能及效率。至於如何確保各類效能間、各層面間及效能效率間之協調，如何全面提高所有層面的所有效能，而不偏重一類，以及如何解決不同成員不同期望間之矛盾等，都是現時教育改革運動中重要的課題，值得我們進一步探究。

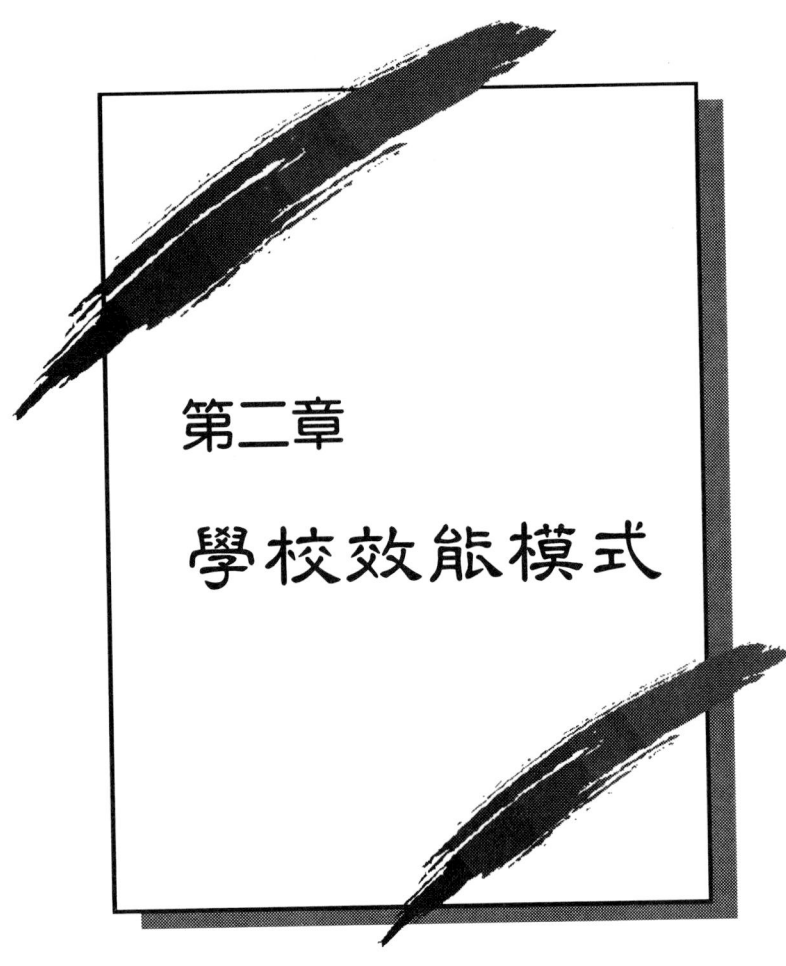

第二章

學校效能模式

　　第一章討論了學校功能及效能的類別。本章從組織觀點，討論可用以解釋及評估學校效能的模式。缺乏理論模式，而想進一步闡釋學校效能及選擇評估指標（Evaluation Indicator），將難以確定學校是否有效能。學校是一個組織，所以我們借用有關組織的文獻來討論。

　　Cameron 與 Cameron（1984）及 Whetten（1983）對組織效能文獻，作了一個全面的回顧，而 Cameron（1984）則提出七個研究一般組織效能的主要模式，包括目標模式、系統資源模式、過程模式、策略─組分模式、競爭─價值模式、認受性模式及無效能模式。其中競爭─價值模式，在很大程度上是策略─組分模式的子模式，因為兩者均強調成員的需要、愛好及滿足感。本人在 Cheng（1990b）及 Cheng（1993i）兩文中，採用這個組織理念時，將這兩個模式合併，及增加了組織學習模式。近期發展，強調教育全素質管理（Total Quality Management），正好表示學校效能須加上新的全素質理念。所以，本章參考 Cameron（1984）及本人之論文，把評估學校效能的理念，分為八個模式：目標模式、資源－輸入模式、過程模式、滿足模式、認受模式、組織學習模式、無效能模式，及全素質管理模式。這些模式的基本特性簡列於表 2.1。

目標模式

　　目標模式（Goal Model），是最常用於評估學校表現及研究

表 2.1　學校效能模式

	學校效能理念	適用情境	評估指標
目標模式	• 達成明文目標	• 目標清楚，衆人同意，有時限，可量度，及資源充足	• 列於學校／方案計畫的目標，例如各項成績
資源─輸入模式	• 取得所需資源及輸入	• 輸入與產出間有明確關係；資源缺乏	• 獲得資源，例如招生素質、設施、經濟支持等等
過程模式	• 校內運作過程順暢及「健康」	• 過程與產出間有明確關係	• 領導、溝通、合作、協調、社會交往
滿意模式	• 使所有重要人士滿意	• 有關人士的要求是適宜而又不可忽略	• 教育署、校董會、行政人員、教師、家長、學生等的滿意
認受模式	• 學校生存的合法或推銷活動得以成功	• 處於存亡關頭	• 公共關係、推銷、公共形象、聲譽、社會地位、問責等等
無效能模式	• 學校完全沒有無效能的特徵	• 沒有一致的效能標準，卻需要有學校改進策略	• 現存衝突、功能失常、困難、缺點、弱點等等。
組織學習模式	• 適應環境變遷及內部阻力	• 學校是新校或面臨轉變；必須面對外在環境轉變	• 注意外在需要及變化、內在過程監管、方案評估、發展規畫等等
全素質管理模式	• 內部人士及過程的全面管理，以滿足重要人士之需要	• 有關人士的需要一致；有全面管理所需之科技及資源	• 領導、人的管理、策略規畫、過程管理、教育結果、重要有關人士的滿足感、對社會之影響力等等

學校效能的,因為很多人相信,實現正規目標(Formal Goals)應是學校要達到的基本要求。目標模式假設量度學校效能時,有明確訂定及普遍認同的目標。如果能以所得的輸入(Inputs),達到指定目標,則稱之為有效能(Effective)。所以,當學校的產出(Outcomes)明確、而效能指標又能被有關人士普遍接納時,則這模式可用。

學校效能指標(Effectiveness Indicators),通常是學校規畫及方案規畫所列的目標,尤其是與教學的環境素質及公開考試成績有關者。目標模式的用途通常有限,因為要倚賴明確、可量度、有時限,及人人接受的目標,而這幾乎是不可能的事。例如,教師,會比較關心學生性格或人格的發展;家長,或會比較關心學生的考試成績;僱主,或會重視學生與工作有關的態度及技能;而決策者,則或會比較關心學校對政治穩定或經濟增長(Economic Growth)的貢獻。雖然,不同人士期望學校達致的目標不同,然而在亞太區,學生公開考試的成績,經常用作量度學校效能的主要目標結果。忽略教育過程的其他效果,對評估學校成敗,會造成不利影響。

根據學校五層面的五種功能,學校在不同時限裏要達致的,有在個別、機構、社區、社會及國際五個層面上的技術/經濟、人際/社會、政治、文化及教育等五類目標,而每類學校目標下,又可有若干小目標。故此,選用目標模式評估學校效能時,能包括一套全面的學校目標及小目標,至為重要。不過,假若資源有限,則學校要在短期內完成多元目標,是相當困難的(Cameron, 1978; Hall, 1987)。以有限資源要達致最大最全面的效能,往往

會陷入困境。

資源－輸入模式

　　由於壓力往往來自有關重要人士的不同期望，學校經常被迫追求多元但不統一的目標。資源（Resources）成為達成學校功能的關鍵元素。資源－輸入模式（Resources-Input Model），假設學校要成為有效能，就需要較多寶貴的資源，如果獲得所需資源，就較能變得有效能。所以獲取的資源優劣多少，就成為效能的重要指標（Etzioni, 1969; Yuchtman & Seashore, 1967）。學生的素質、學校設施、資源，及從中央教育部、校友、家長、辦學團體或校外機構獲得的財政或其他資源的支持，都是重要的效能指標。

　　當輸入與輸出有清晰的聯繫（Cameron, 1984）、而學校達致目標所需的資源又是非常寶貴時，本模式將是非常有用的。在某些亞洲國家及城市（例如香港），能吸引和收取有素質的學生入讀，被假設為學校成功的重要指標。所以，吸引高素質學生，成為某些學校尋求效能或在公開考試有優秀表現的「必需」條件。另一方面，西方一些市內學校（Inner City Schools），學生來自低社經家庭，帶來不少行為及犯罪問題，嚴重阻礙學校正常教學過程。幫助問題學生，需要額外資源，否則，就要把學校其他用途的資源，調配作這方面用途。故此，獲得資源的多少，就代表學校成為有效能的潛質高低，尤其在很大的資源競爭情境下，這模式更見恰當。資源－輸入模式把效能與環境及資源輸入聯繫起來，

在某程度上，修正了目標模式忽略資源的限制。

　　資源－輸入模式的缺點，在於過分強調資源的獲取，使學校減少了放在教育過程及產出的努力；若獲得的資源，未能有效地運用到學校功能上，便變成浪費。從五層面的五種學校功能方面考慮，「資源－效能」（Resource-effective）學校的效能和功能，可能主要局限於機構內，作用較間接，並要視資源能否用作支持廣闊範圍的學校功能。

過程模式

　　就系統觀點來說，學校的輸入，經過校內的轉變過程（Transformation Process），成為學校表現（Performance）及輸出（Output）。學校過程本質及素質，往往決定輸出的素質及學校目標可達致的程度。尤其在教育上，學校過程經驗往往被認作教育目的的重要部分，所以過程模式（Process Model），假設學校內部功能暢順「健康」（Healthy），便是有效能；並進一步認為，把效能視作「過程」而非「結果」，至少是把量度效能的障礙減至最低的一個解決方法（Steers, 1977）。所以，學校內部活動或實踐，被視為學校效能之重要指標（例如Cheng, 1986b, 1993h, 1994d）。領導、溝通渠道、合作、協調、適應、規畫、決策、社交、學校氣氛、教學法、教學管理及學習策略，通常是效能的指標。學校過程（School Process），一般包括管理過程（Management Process）、教學過程（Teaching Process）及學習過程（Learning Process）；因此，可基於不同過程，選擇管理效能指標（例如領導、決策），教學效能指標（例如教學效用、教學方法）及學習效能指標（例如學習態度、出席率）。

　　若學校過程與教育產出間有明晰關係，則過程指標應該有用。例如，學校強調民主教育（Democratic Education），而我們相信民主管理過程與民主教學過程是實施民主教育的必要條件（Cheng, 1987b, 1987c），那麼，學校民主過程指標，例如決策參與（Participation in Decision Making）及教學的團隊協作，可作為評估民主教育實施的學校效能指標。現時，學校文化及領導對學校效能的影響受到重視，以此作為評估學校成就的關鍵因素，在某程度上反映了過程模式的重要性（Caldwell & Spinks, 1992; Cheng, 1994d; Sergiovanni, 1984）。

　　過程模式也是有限制性的，例如各過程的監察及有關數據的收集，常遇上困難，同時也易產生「重方法、輕結果」的弊病（Cameron, 1978）。假設學校須在個人、機構、社區、社會及國際層面上，實現技術／經濟、人際／社會、政治及教育等五種學校功能，則過程模式的用處，視乎對學校過程與這些功能關係，認識有多少而定。若對此等關係有足夠認識，則學校效能可由學校過程特徵預測出來；可惜，至今尚欠有系統而全面的認識，不足以為不同種類的學校功能，設計不同的學校過程。即使我們認識學校過程某些方面，並對一些重要因素如領導、決策參與及學校文化等，作了不少正面的假設和推想，但到目前，我們所知道的，實在很少。

滿意模式

　　學校效能可以說是相對的觀念，視乎有關人士或團體的期望而定。若不同人士對學校目標有很高而各自不同的期望，則學校將難以滿足各別的需要。低而簡單的目標當然較易達到及滿足各界期望，學校也因而較易被視為有效能。再者，達到目標的客觀量度，往往有技術上困難及理念上的爭議。所以，滿足有力及重要人士的期望，而非一些客觀的指標，常常成為評核學校效能的關鍵元素。最近，學校教育素質（Education Quality）甚受重視；素質的概念，其實與滿足顧客的需要或符合顧客的期望，關係密切（Crosby, 1979; Tenner & Detoro, 1992）。據此，近期教育素質的要求，強調以學校有關人士的滿足感（Satisfaction）來評估學校效能。

　　根據滿意模式（Satisfaction Model），若學校能使所有的主要人士（Strategic Constituencies ／ Stakeholders）滿意，則可視為有效能。這模式假設學校的運作及生存是受著其主要成員（例如校長、教師、校董會、教育署、家長、學生及公眾）所影響，而學校行動主要是回應他們的要求。所以，滿足這些要求，是學校效能的基本準則（Keeley, 1984; Zammuto, 1982, 1984）。

　　若學校重要人士有一致的要求，而學校又必須回應的話，採用滿意模式評估學校效能是有用的。學生、教師、家長、行政人員、教育署、校董會及校友會等的滿意度，往往是學校效能的指

標。在一些東方社會，例如香港及臺灣，學校董事局有駕馭性的
影響，而家長、學生、教師及公眾的影響相對上是較少的。所以，
校董會是否滿意，往往成為學校效能的最重要指標。假若，學校
要求學術及體育方面有卓越成就，則學校須滿足這些要求，才稱
得上有效能。

　　若學校重要人士的要求彼此間有矛盾、而又不能同時間獲得
滿足的話，這模式大抵上是不適合的。近年，由於社會急劇轉變
及國際間的競爭激烈，更多人關注和影響學校，同時更多人對學
校功能持分歧意見。過去，人們關注的，只是學校的機構及個別
層面的功能，有關人士，只限於家長、學生、教師及董事會成員。
今時不同往日，在社區層面、社會層面及國際層面上，無論工商
界、公眾及中央政府，對學校功能均有強烈期望，對學校有不少
直接影響，因而往往成為學校的「間接或直接有關人士」（In-
direct or Direct Stakeholders）。無可避免，與學校有關的人士是較
前增加了。這些多元的有關人士，對學校往往有高而分歧、甚至
前後不統一的期望。顯而易見，學校資源是如此有限，要在短期
內滿足他們的需要及期望，是相當困難的。

認受模式

　　早幾十年，由於教育環境轉變慢，因此校外來的挑戰相對較
少，通常不會有大問題威脅到學校的存亡，尤其是傳統上，學校
教育仍受尊重，而教育資源未受其他對手爭取而感威脅。近年，

由於本地及全球迅速改變及發展帶來的衝擊，學校教育環境即面臨轉變帶來的挑戰及競爭。學校一方面，要為資源而激烈競爭，又要克服內部障礙；另一方面，又要面對外來的挑戰及問責（Accountability）與「物有所值」的要求（Education & Manpower Branch and Education Department, 1991; Education Commission, 1994）。缺乏社區或公眾的認受，學校幾乎是不可能繼續或生存的。為了獲取資源及生存上的認受性（Legitimacy），學校須證實其負責程度、滿足社區要求及取得重要人士的支持。

認受模式（Legitimacy Model），假設學校要努力爭取校外公眾的認受，以避免被環境淘汰（Cameron, 1984, p.278），認為學校若能取得公眾認受，或在市場活動而得以生存的話，就稱得上有效能。這模式的效能指標，往往與公共關係（Public Relations）、市場、問責、學校公眾形象、聲譽或社會地位等有關。當學校處於轉變環境中，必須評估它們的存亡時，通常採用此模式。舉例來說，由於香港某些老區的小學生人數迅速減少，有些小學會因收生不足而關門，這些面臨危機的學校，只有能成功爭取到足夠的認受性及較好的社區關係，始能生存。從認受模式來看，學校若能存活於競爭的環境中，則謂之有效能。另一方面，某些區域，由於中學教育擴展，中學的需求迫切，競爭因而減少，而生存認受性則相應增加了。所以，若採用這模式來構思這情境的學校效能，可能不及上述小學情境的切合。

近年，中西方社會的教育改革，均強調家長選擇（Parental Choice）及問責（Accountability），這似乎支持了認受模式評估學校效能的重要性。家長對學校的選擇增多，為學校製造了市場

競爭環境，學校必須競爭，為家長的需要，盡量提供高素質教育服務。此外，問責制度或素質保證（Quality Assurance）制度的實施，為學校提供了一個正規的機制，以贏取生存必需的認受性（Legitimacy），這正好解釋了，為何現時這麼多學校都比較注重公共關係、市場活動，及建立校本問責制度或素質保證制度。

　　認受模式對評估學校不同層面的技術／經濟功能、人際／社會功能、政治功能、文化功能及教育功能的貢獻的適用性，要視乎競爭環境及認受過程，能否鼓勵學校對個人、學校、社區、社會及國際層面的宏觀學校功能，加以注意並實踐。如果環境競爭非常大，而認受過程又太緊迫（例如監管及控制方面），學校會著眼短期生存，達到個人、學校或社區層面的短期功能，滿足問責制度的外顯、特定、可量度及短期要求（例如上課出席率、考試成績等等），而忽略「內隱」的長期功能，尤其在社會或國際層面方面。目前全球性的教育改革，對利用市場機制及問責制度以提高學校效能，表示強烈的興趣，不過，對它們與全面學校功能及效能的關係，則認識尚淺。所以，把認受模式用於教育改革，有它潛在的限制性，須加注意。

無效能模式

　　Cameron（1984）指出，一般組織效能研究以至學校效能研究的最主要難題，就是難於找到合適的指標；其中主要困難之一，就是找出成功指標（Success Indicator）。有人指出，「組織改革

與發展的動機,在於認識問題所在,多於認識成功之處」(Cameron, 1984, p.246),似乎找出組織的弱處及缺點(即無效能指標),比起找出其強項(即效能指標)容易得多。所以 Cameron 建議:「一個評估組織無效能的方法,替代評估組織效能,有助擴展我們對組織效能建立的理解」(p.247)。借用這意念,無效能模式(Ineffectiveness Model),從「負面」描述學校效能,把學校效能定義為:假若學校不存在無效能的特徵,基本上就是有效能了。

無效能模式,假設有關學校的重要成員較容易找出及同意的是無效能指標(Ineffectiveness Indicators),不是有效能指標;並且,分析與學校效能相對的學校無效能(School Ineffectiveness),可更準確地找出改進學校效能的策略。所以,在學校效能指標不夠清晰,而又必須用上學校效能改進策略時,本模式最為有用。無效能指標,可包括現存的矛盾、困難、難題、缺點、弱點及不佳的表現。一般來說,很多學校,尤其是新學校,比較關注排除障礙,以發揮基本的學校效能,而非追求優異的學校表現,本模式對他們是適用的。學校行政人員及教師,會認為無效能模式比起其他模式,更涉及根本問題。看來,「不是無效能」可能就是有效能的基本要求。不過,本模式不適用於評估優秀的學校表現。

由於無效能模式主要集中在校內過程操作上的弱點及缺點,所以對個人及學校層面的技術功能有用。若不認識較低層面的操作無效,與較高層面的社會功能、政治功能、文化功能及教育功能的無效能如何相關,則本模式對社區層面、社會層面或國際層

面的宏觀學校功能的貢獻，將非常有限。

組織學習模式

　　正如先前所討論，改變中的教育環境，幾乎對學校的每一方面都產生巨大影響。從滿意模式及認受模式的觀點來看，滿足重要人士的需要及滿足社區認受性的條件，是學校於競爭及要求問責的環境中，得以生存的關鍵因素。從過程模式觀點看，在急劇變化的情境中，若要達致學校目標是有效能的表現，則須不斷改進學校的過程。看來，沒有靜止的因素或單一的方法，可以永遠對學校效能有所保障。所以，決定學校效能的關鍵問題，就是如何處理變動環境的衝擊及內部過程的難題。

　　組織學習模式（Organizational Learning Model）認為，學校運作遇上環境改變的衝擊及內部障礙，是無可避免的，所以，學校若能學到如何改進內部及適應環境，就是有效能。學校成員能否學會適應轉變及減少內部阻力，是很重要的（Argyris, 1982; Argyris & Schön, 1978; Levitt & March, 1988; Louis, 1994; Lundberg, 1989）。

　　本模式與過程模式，有某程度上的相似，不同之處是，本模式強調學習行為對有效能學校表現之重要性，而現行內部過程是否順暢，並非關鍵因素。這思路，是支持目前強調策略管理及發展計畫，在學校改進上的功用（Dempster et al., 1993; Hargreaves & Hopkins, 1991）。本模式對發展中或參與教育改革的學校，最為

有用，尤其是外在環境轉變時。學校效能指標包括：留意社區需要及轉變、內在過程監察、課程評估、環境分析及發展策畫等。

　　在發展中的國家或地區，中學教育擴展，新中學紛紛建立，它們須面對諸如建立組織架構和教育過程、處理低素質學生、發展員工，及應付來自社區的不利影響等問題（Cheng, 1985）。此外，經濟及政治環境的轉變，也要求學校系統在課程、管理及科技改革上作出有效的適應（Cheng, 1995b）。在這背景下，以組織學習模式研究學校效能是適當的。若組織學習過程（Organizational Learning Process），與學校產出間的聯繫不清楚，則本模式的用處將明顯受限制。舉例來說，某些歷史悠久的學校有傳統的校譽，自然能吸引高素質學生；即使它們缺少組織學習，還是可以擁有頗高的學生成就及學校地位。

　　比較上，本模式最有可能對不同層面的技術／經濟功能、人際／社會功能、政治功能、文化功能及教育功能，作出貢獻。當學校意識到外在轉變及需要，對內在改進有所承擔時，會比較容易明白五層面的多種功能及目標，並想出適當策略去達到。組織學習模式，啟發了一個使學校多元目標發揮至大效能的動態觀點。第三章將詳論此點。

全素質管理模式

　　近年，教育素質日益受重視（Cheng, 1995a; Education Commission, 1994; Hughes, 1988）。學校全素質管理的概念及實踐，

被喻為強有力的工具，以提高學校素質及增強其效能（Bradley, 1993; Cuttance, 1994; Greenwood & Gaunt, 1994; Murgatroyd & Colin, 1993）。

　　根據不同組織的管理理論及實踐的發展，人們開始相信，管理過程某些方面的改進，不足以達至優異或全面素質（Total Quality）的表現。達至長期成功及素質的效能的關鍵，就是內部環境的全面管理（Total Management）及過程切合顧客（Clients）的需要。學校全素質管理的關鍵因素，包括以學校重要對象（例如家長、學生等）為焦點、持續的過程改進，及學校成員全心投入和增賦權能（Enpowerment）（Tenner & Detoro, 1992）。根據全素質管理模式（Total Quality Management Model），學校即使在轉變的環境中，若能使其所有成員增賦權能（Enpowerment）及投入學校運作，在管理學校過程不同方面不斷改進，又能滿足學校內外有力人士的期望、要求及需要，則可算作有效能。

　　學校效能之全素質管理模式，在很大程度上是各模式之揉合，尤其是組織學習模式、滿意模式及過程模式。根據著名的Malcolm Baldrige Award 架構或 European Quality Award 架構，全素質管理評估學校效能的關鍵範疇，包括領導表現、人資源管理、過程管理、資訊及分析、策略素質計畫、內部人士之滿意、外在人士之滿意、運作結果、學生教育結果及對社會之影響（Fisher, 1994; George, 1992）。

　　跟其他模式比較，全素質管理模式提供了一個較整體或全面的觀點，來管理學校效能。若主要人士的需要及期望差異不大，而學校又有足夠技術及資源，推行此類全面管理的話，則適用此

模式。

　　由於全素質管理模式較全面，所以對學校功能貢獻較大。相似於組織學習模式，本模式強調，以學校重要對象為焦點、持續的過程改進，及成員的全心投入，可助學校以動態形式，發揮最大的多元學校效能。學校技術／經濟功能、人際／社會功能、政治功能、文化功能及教育功能，可否反映學校組織不同層面之重要人士的期望？又學校可否獲得必需的知識、科技及資源，推動校內環境及過程之全素質管理，以回應各方人士對學校多元功能的期望？這些都是這模式關注的問題。

　　如前所論，八個學校效能模式各有各的強處及限制。不同模式適用於不同情況及不同時間，而對達成不同層面的多元學校功能，則以組織學習模式及全素質管理模式比較有效。至於學校效能模式與學校功能關係，將於下一章討論，並提出一個動態觀點，闡釋如何盡量發揮多功能多目標的效能。

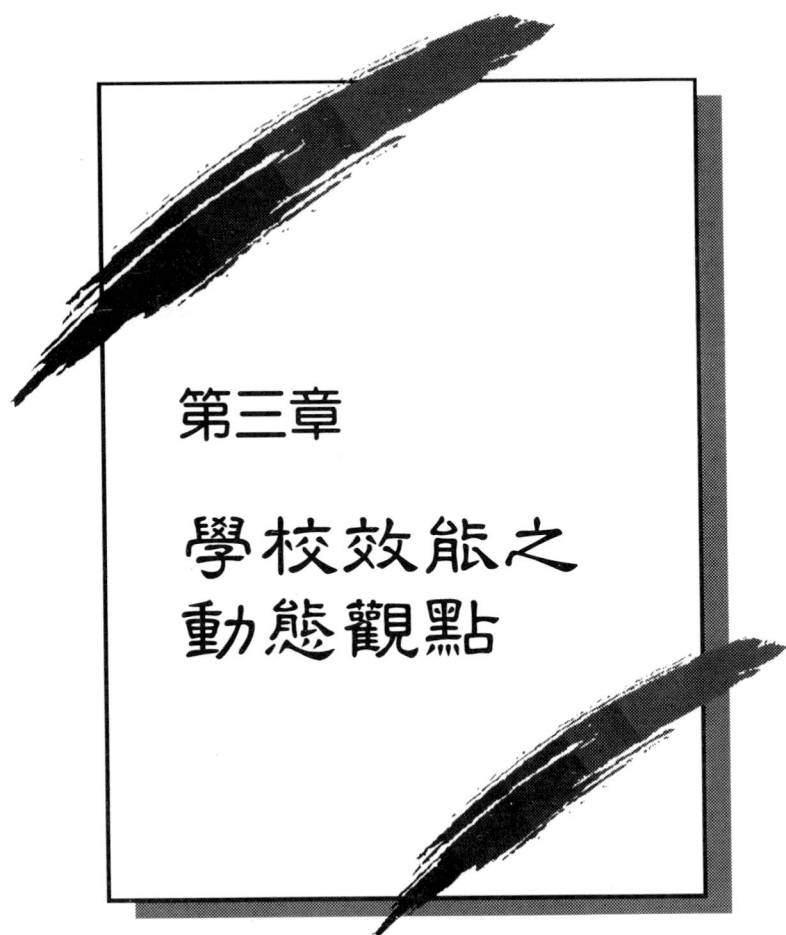

第三章

學校效能之
動態觀點

　　第一、二章介紹了學校效能之類別及模式。究竟它們對學校效能的研究及實踐，有多大貢獻？我們將以動態觀點，在本章作進一步討論。

學校效能矩陣

　　我們把八個模式與五層面或五類學校效能作一比較，可以造成兩個矩陣（見表 3.1 及 3.2），幫助思考如何發揮最大學校效能。矩陣的縱列，是學校效能的八個模式，有助構思如何量度及管理學校效能。而橫排，則是學校效能的五個不同層面或類別，有助找出須評估的效能分類。研究或實踐學校效能時，我們都會問：應採用哪個模式？應選取或強調哪個效能類別？當然，所選取的模式，往往會影響對學校效能類別的選擇。

　　舉例來說，在目標模式裏，學校效能類別的選擇，主要視乎學校計畫及方案計畫所列出的目標類型及層面而定。若計畫中的目標祇與學生層面的技術學習有關，則選擇焦點將會是個別層面的效能技術，不會是較高層面的其他功能（例如社會效能、文化效能、政治效能）。另一個例子，在滿意模式裏，強調的學校效能，則會因應不同的重要人士（Strategic Constituencies）而有異：家長及學生較關注個別層面或學校層面的效能，而決策者則不但關注較低層面的效能，也關注較高層面的效能及效率。

　　一般而言，不同模式的焦點，可集中在學校效能的不同層面，如表 3.1 所示。目標模式的焦點，可集中一層面至五層面不等，

視乎學校計畫中明確指出的目標及使命的性質而定。資源—輸入模式著重資源的獲得，所以主要與學校或個別層面之內部效能（Internal Effectiveness）有關。過程模式，明顯關注個人或學校層面的內部效能或效率。至於滿意模式，由於依賴重要人士的要求，著重的層面可由一層面至所有五層面不等。認受模式，強調學校生存於競爭及要求問責的環境，所以尤其著重社區、社會及國際層面的效能及效率。無效能模式，注重內在問題及缺點，所以關注個人及學校層面的內部效能及效率。組織學習模式及全素質管理模式，有各自的學習主題，以應付轉變的環境要求及內部阻力，並滿足不同層面各重要人士的需要，所以可以涵蓋學校效能的五個層面。簡言之，目標模式、組織學習模式及全素質管理模式，在五層面上均可與學校效能或效率有較大的關聯。資源—輸入模式、過程模式及無效能模式，則注重內部效能及效率（即個別層面及國際層面）。認受模式較著眼外在效能及效率（External Effectiveness and Efficiency）（即社區層面、社會層面及國際層面）。

　　模式與各類學校效能間之關係並不很明晰。八個模式對不同類學校效能之貢獻（正如第二章所論），均受本身特性所限制。表 3.2 簡列了它們的貢獻及限制。目標模式的貢獻，視乎學校計畫涵蓋的目標而定。若五個學校功能同樣受重視，並非輕此重彼，則可確保學校有發揮五種功能的機會。不過，學校一般不能全面兼顧五個功能，甚至學校成員對這全面性功能亦會有所忽略，結果就是，即使有效能，也只是部分效能。

　　如何運用所獲得的資源，完成不同學校功能，影響資源—輸

表 3.1　學校效能模式及學校效能層面

	校內效能／效率		校外效能／效率		
	個別層面	機構層面	社區層面	社會層面	國際層面
目標模式	X	X	X	X	X
資源─輸入模式	X	X			
過程模式	X	X			
滿意模式	X	X	X	X	X
認受模式			X	X	X
無效能模式	X	X			
組織學習模式	X	X	X	X	X
全素質管理模式	X	X	X	X	X

註：x 代表模式的焦點

入模式的貢獻。資源分配及運用的決策是非常重要的。不過，資源如何與每類學校功能結合的決策知識，並不清晰。所以採用這模式往往偏重外顯或短期功能（例如技術功能），而非內隱或長期功能（例如文化功能、教育功能）。

　　過程模式的貢獻，視乎內部過程與各類學校功能的關係而定。若學校過程活動與學校功能間，存在清晰的聯繫，則學校過程的改進，終能表現出不同類較高的學校效能。可惜，關於這「聯繫」的認識尚未成熟，不足以提供可靠的建議。這也反映出，為何學校效能研究焦點，總是集中教學過程或學習環境與學生成績的關

係上（Cheng, 1994a, 1994j; Creemers, 1994; Fraser, 1992; Fraser & Walberg, 1991; Wang & Walberg, 1991）。

　　滿意模式的貢獻，視乎重要人士之期望與各類學校功能之相關程度而定。若所有內在或外在重要人士，在學校有同等機會表達他們的期望及運用他們的影響力，則各類學校效能達致平衡的機會較大。不過，學校某些重要人士的期望，很多時候支配了學校的方向，而局限於某些學校功能——學術成績（Academic Achievements）或社會的滿意程度（Social Satisfaction）。當然也有可能是某些重要人士的期望，例如校董的個人興趣，與學校功能無甚關聯。

　　認受模式的貢獻，要視乎認受過程及市場活動與學校功能的關係而定。舉例來說，設計外在素質保證系統或問責制度，能細心考慮五種學校功能，則可保證學校有較大傾向追求全面的效能。所以，如何澄清認受過程或市場活動與五種學校功能的直接相關，是目前強調「市場機制」及「問責制度」的教育改革的一個重要課題。

　　無效能模式的貢獻，則決定於學校過程運作的缺點及弱點與各學校功能的關係。對於這些缺點及弱點與某些外顯技術功能的關係，我們有少許認識，卻尚未有足夠知識，可肯定它們與人際／社會功能、政治功能、文化功能及教育功能的關係。所以，這模式的用途多少因而受限制。

　　至於採用組織學習模式的貢獻，則要視乎學校對學校的五種功能有何認識。學校認識學校各功能的重要性，即可發展適當策略去發揮這些功能；即使沒有足夠的知識及科技，也是無妨的，

表 3.2　學校效能模式及效能類型之關聯

	技術／經濟效能	人際／社會效能	政治效能	文化效能	教育效能
目標模式	• 因應學校計畫內不同類型目標作出貢獻 • 涵蓋範圍不全面，時有忽略者				
資源─輸入模式	• 貢獻視乎資源如何用於不同類型學校功能而定 • 未有清楚認識資源與功能的關係，而應用則偏重外顯功能				
過程模式	• 因應學校各類功能與內部過程關係而作出貢獻 • 有關過程與功能理念尚未發展				
滿意模式	• 因應重要人士期望與學校功能之關係作出貢獻 • 未知上述關係，也有些有關人士被忽略				
認受模式	• 貢獻視乎認受過程及市場活動與學校功能的關係而定 • 未有清晰及直接之關聯				
無效能模式	• 貢獻視乎學校各功能的運作缺點及弱點而定 • 與各功能的關聯不清晰，內容偏重外顯功能				
組織學習模式	• 貢獻視乎學校如何獲得學校各種功能的知識而定 • 從學習過程獲取這種知識				
全素質管理模式	• 貢獻視乎全素質管理過程與學校各類功能有何關係而定 • 強化其與學校功能之關係，並於過程中獲得此類關係的知識				

因為可以在組織學習過程中獲得。最重要的是，如何在學校發展一套學習機制，並維持下去。

全素質管理模式整合了組織學習模式的優點。它的貢獻，視乎全素質管理模式過程與各學校功能之關係而定。由於此模式強調以校內及校外重要對象為焦點、持續的過程改進及成員的增賦權能及全心投入，全素質管理過程可提供良好機會，學習學校五種功能之重要性及如何把它們發揮出來。此外，全素質管理過程可加強全素質管理與效能的相關性，也可以獲得相關之知識及科技。相對來說，本模式對多元學校功能之發展及成就，可有較大貢獻。

協調概念

系統協調（System Congruence）概念裏（Cheng, 1987c; Cheng, 1996b; Nadler & Tushman, 1983），有助於討論發揮最大學校效能的協調有兩種：一是類別協調（Category Congruence），一是模式協調（Model Congruence）。類別協調顯示學校效能類別之一致性程度（Consistence）。高類別協調表示：一個類別的效能愈高，則其他類別的效能也愈高；一個類別的效能愈低，則其他類別的效能也愈低。低類別協調表示學校效能類別間關係很少，可以不加以理會。意思就是，在一個類別顯示高效能，未必等於在其他類別也有高效能。類別不協調（Category Incongruence），進一步表示類別間存在著相反的關係，即是某類別的學校效能愈高，其他類別的效能則愈低。一般來說，我們所指的發揮最大效能，包括效率，不圍於一種功能，即包括五種功能；不限於個別

學校層面，也覆蓋社會及國際層面。在這大前提下，類別協調對我們思考這問題是重要的。

　　模式協調是學校效能的另一種協調，指不同模式中有關學校效能理念之一致性的程度。高模式協調，表示從模式發展而來的效能準則（Effectiveness Criterion）及指標是相似的、統一的、一致的，或至少在本質上是不相矛盾的。模式不協調（Model Incongruence），則表示由不同模式發展而來的學校效能指標或理念間有潛在的矛盾。不同的人所關注的焦點不同，所以會選用不同的模式來界定及量度學校效能。若選用的模式彼此協調，則這些模式可整合起來，從不同觀點提供完整及統一的學校效能評估。若選用的模式彼此不協調，則學校效能評估及發揮學校效能的方法，將十分具爭論性，因為由這些模式發展而來的效能指標及準則間，會產生矛盾，且不能同時得到最大的發揮。

　　每當增大或研究學校效能時，我們想知道，用以構思學校效能的模式是否協調、學校效能各類別是否協調。若可確保兩種協調，則評估或增大學校效能時，問題會較少。至於在不同情境下的學校運作時，如何確保這兩種協調，以發揮最大效能，仍須進一步探討。

　　有些研究者假定模式間存有模式協調，試圖整合多個模式，及提出以多元指標模式來定義及量度效能（例如 Cheng, 1986b, 1993h; Hackman, 1987; Hackman & Walton, 1986; Hoy & Miskel, 1991; Miskel, McDonald & Bloom, 1983）。舉例來說，根據 Hackman 及 Walton（1986）的意念，學校效能可從三向度來定義：

　　一、學校的生產輸出（即產品或服務），與接受、審查及利

用此輸出的人士在質、量水平及適時的期望的配合程度。

二、在工作進行過程中，提高學校成員將來互助合作能力的程度。

三、學校經驗對學校成員成長及個人健康的貢獻程度。

這理念包含了目標模式、過程模式、滿意模式、組織學習模式及全素質管理模式的一些重要元素。再看另一例，Hoy 及 Miskel（1991）根據社會功能（Social Function）方法，發展了一套探索學校組織效能的整合模式。他們以社會系統的四個必要功能，即適應性（Adaptation）、實現目標（Goal Achievement）、整合（Integration）及維模（Pattern Maintenance）作指引，選出學校效能的明確準則。他們認為學校效能是一個多元概念（Multidimensional Concept），所以很多過程及結果變項（Variables）可作為效能指標。基本上，Hackman 及 Walton（1986）、Hoy 及 Miskel（1991）假定不同效能模式間存在著協調，因此不同效能指標或類別也是一樣協調。不過，想在同一時間盡量達至多元指標的學校效能，往往是不可能的。這是我們必須留意的基本「兩難」問題（Dilemma）（Hall, 1987）。舉例來說，當學校在非常緊迫的工作壓力下，有很好的學科上表現，但這壓力會影響教師的個人滿足感及成長，在短期內會增加學校成員間的衝突。由於學校所得資源有限，在所有指標上發揮最大效能，或達到所有重要人士的目標，若非不可能，也是相當困難的；學校內有衝突矛盾是無可避免的。

Hall（1987）提出以矛盾觀點（Contradiction Perspective），描述每一組織固有的衝突特徵。根據這觀點，在多元及互相衝突

的環境限制（Environmental Constraints）、目標、人士及時間的影響下，沒有學校是永遠有效能的。或者可以這樣說，學校祇在某些效能模式的特定指標上，可視為有某程度的效能（或無效能）。

　　循此思路，要確保各模式間、各類別間學校或效能之協調並非易事；要在所有指標上發揮最大效能相當困難，至少在短期內是這樣。目前的教育改革強調發揮最大的學校效能，當遇上此類限制或困境時，我們該怎麼辦？

　　從組織觀點來看，學校效能的構思看似相當複雜而問題多，而研究者在選擇模式及分析層面方面，也引起不少爭論（Cameron, 1984; Cameron & Whetten, 1981）。有些研究者甚至認為，組織效能或學校效能這概念通常是無用的，而在比較組織效能的科學分析上，沒有本身的意義（Hannan & Freeman, 1977, p.131）。

動態觀點

　　動態觀點（Dynamic Perspective），可用以理解及確保模式協調及發揮多元指標的學校效能（Cheng, 1990b），現簡介如下：

　　由於學校有多元的環境約束及不同的相關人士，學校要追求的目標也是多元的；學校會嘗試達到多元指標的效能，以求生存或發展。可是資源有限，學校想在同一時間內，在所有指標上都發揮最大效能及達到所有目標，真是十分困難。為了解決這個效能上的困境，學校求存的其中一個重要活動，就是爭取更多難得

的資源，以求達到多元目標。

　　學校在追求多元目標的過程中，會經歷到來自多元並相衝突的環境約束力及重要人士的不同壓力。根據壓力的強度，學校便會為追求的目標及效能指標，訂出不同的重要性及優先序（Priority）。目標及效能指標的重要性及優先序，隨時間及環境而改變，如圖 3.1 所示。不過，當某些特定目標受到特別強調（例如公開考試學科成績），而獲得較多資源及人力，則學校自然會感受到因不能達到其他目標而生的較高壓力（例如學校組織發展或教職員個人成長及滿足感）。所以，無可避免，學校在任何時刻所受到的壓力，都是不平衡的。

受不平衡壓力驅動
→

優先序	指標	指標	指標	指標
最高	A	A	D	E
	B	C	A	B
	C →	D →	E →	A
	D	B	B	D
最低	E	E	C	C

| 時間 | t1 | t2 | t3 | t4 |

A、B、C、D及E是多元效能指標。例如學業成績、社交關係、個人成長、工作滿足感或組織發展。這些效能指標的優先序隨時間變動。例如，E在t1時段在最低優先序，而在t4時段則在最高優先序。（改自Y. C. Cheng, 1990b）

圖 3.1　追求多元指標學校效能的變動優先序（解說圖例）

看來，如果學校可以意識到這種不平衡的情況，又能以適應及應變能力，建立往後要追求的目標的優先序，則可被視為有效能了。這時候，學校所追求的，是在多元及互相衝突壓力間的動態平衡（Dynamic Equilibrium）。即使不能同時在所有指標上獲得最大效能，假以時日，還是可以做到的。學校力圖取得多元指標效能的過程，可用一個想像的圖解加以說明，如圖 3.2 所示：學校如能以動態方式，像走過一個螺旋軌道，在某時限（Time Interval）（t1 至 t4）、某多元指標空間的多元指標上（A、B、C、D 及 E），盡量發揮，則可說成有效能，舉例來說，學校在 t3 至 t4 時段的指標上平均成就，將比起早時之 t1 至 t2 時段的大。

　　學校如何沿此螺旋軌道求取動態效能？現時學校管理改革強調領導力（Leadership Force）及策略管理（Strategic Management）或發展計畫（Development Planning）（Caldwell & Spinks, 1992; Cheng & Ng, 1994; Cheung & Cheng, 1996; Dempster et al., 1993; Hargreaves & Hopkin, 1991; Sergiovanni, 1984, 1992; Silins, 1992, 1993），據此，推動學校沿此螺旋軌道上行之力量可以是領導力及發展計畫機制。動態觀點與策略管理、發展計畫及校本管理的關係將會在往後幾章詳論。

　　短期內，由於可用之資源有限，追求的多元目標或會有衝突，當增大某指標的效能時，即會減低其他指標的效能。不過，長遠而言，若學校可透過適當發展計畫，推行發揮所有指標上最大效能的動態過程，達成一些目標，則可強化或至少不會減低達至其他目標的效能。舉例來說，根據教職員發展文獻，教師個人成長及專業發展，將提高學校教育往後的素質（Cheng & Tam, 1994;

Lieberman, 1988; Oldroyd & Hall, 1991）。此外，學校教育產出的
成功，也可以為學校教師成長及專業發展，從社區贏取更多機會
及資源。

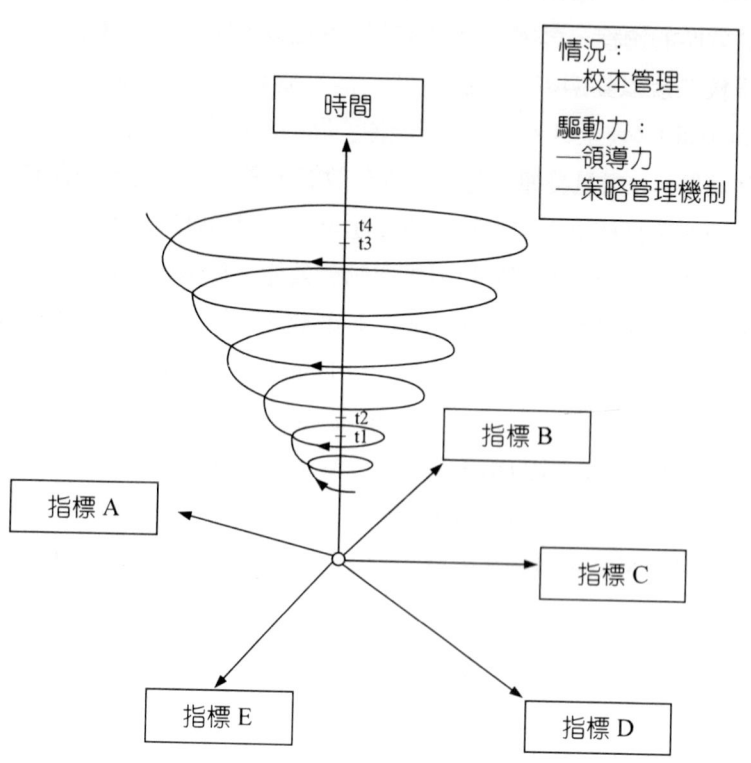

圖 3.2　發揮多元指標學校效能之螺旋軌道

　　根據Quinn（1988）及Quinn與Cameron（1983），成功的學校會在組織生命週期（Organizational Life Cycle），例如，在創業期（Entrepreneurial Stage）、集體期（Collectivity Stage）、正規期（Formalization Stage）及結構衍生期（Elaboration of Structure Stage）的不同階段，追求不同的目標及價值，因此會嘗試發揮不同指標上的最大效能。效能指標的改變，往往因學校生命週期轉移或回應外來環境壓力而生。

　　根據上述動態觀點，學校效能可以是學校在長遠方面，能適應內外約束力及達至各界人士多元目標的程度。這理念以動態的長遠考慮及多元指標為基礎。短期來說，學校會在某些指標表現有效能，而在其他指標方面無效能；也會在某時期有效能，而在另一段時期無效能。若學校效能理念及評估祇基於短期考慮，其意義將受到極大限制及偏差，甚至變得無意義，難為長遠學校發展提供有用資料。

　　學校效能的八個模式，分別強調學校力求生存及追求效能在動態過程的不同方面，現介紹如下：

- 目標模式——反映在動態過程中某段時間內，滿足一些有力人士之目標的重要性及優先序。
- 資源－輸入模式——所得的資源有限，限制了學校達至多元目標效能的能力。爭取較多資源可提高學校追求多元目標的潛質和機會。所以，資源－輸入模式反映效能過程中獲取資源的重要性。此模式可量度學校效能的潛質。
- 過程模式——校內重要人士的多元性，給學校達到多元目標的過程，帶來不同的壓力。這模式反映內部各重要人士

間的互動及其過程對學校效能之重要性。

- 滿意模式——來自主要人士的壓力，影響學校的生存及追求目標的優先序。本模式反映有力人士對盡量發揮多元指標效能動態過程之影響。多元目標的相關成就是否達到，乃根據重要人士之滿意度量度出來。

- 認受模式——環境約束對學校掙扎求存的過程造成限制。學校是否有效能，視乎能否消除這些限制。認受模式強調在公眾認受方面，環境約束對學校生存的重要性。認受活動的效能是透過市場及公共關係反映出來的。

- 無效能模式——為學校提供一個底線（Baseline），讓學校找出追求多元目標過程中「明顯」的不平衡情況。

- 組織學習模式——在動態過程中，認識來自環境約束及多元人士的不平衡壓力，學習適應，並應付動態產生的不同挑戰，對長期效能極為重要。

- 全素質管理模式——如第二章所論，本模式在很大程度上是上述各模式，尤其是組織學習模式、滿意模式及過程模式的整合。換句話說，本模式強調在爭取學校效能動態過程中，要有整全觀點（Holistic Perspective）。

我們若想知道學校在動態過程中不同方面的表現如何，須採用多元的模式。從動態觀點看，各個學校效能模式之間，在追求效能上，即使短期內不能協調，長遠來說，還是可以做得到。換句話說，若不能在指定的短期內達至模式協調，我們就得往長遠看。如前所論（表3.1），不同模式與不同類別學校效能有關。若多元模式被採用，而它們又在動態過程中協調，則所有類別的效

能都會協調，且長遠來說，能發揮至最大。

　　怎樣的條件及管理機制，可助學校以動態形式，沿著螺旋軌道追求效能及發展？我們將於後面幾章討論。

第四章

校本管理原理

　　校本管理如何發展，成為幫助學校長遠追求多元動態效能的必要條件。本章將就校本管理之興起、原理、特點，以及作為追求學校效能之條件，這幾方面詳加說明。

校本管理之興起

　　在六、七〇年代，世界各地已不遺餘力地推行課程及教學法改革，但效果並不理想。直至八〇年代，當現代管理已在工商機構成功發展時，人們開始相信，要改進教育素質，須從「課室教育層面」跳到「學校組織層面」，而要改革的是學校的結構系統及管理方式。各式各樣的學校改革運動隨即開展。強調改進學校某些內部功能，如人際關係及教學領導的，引進了各類的改進方案。「有效能學校」運動（Effective School Movement）尋求有效能學校的特性，並加以推廣。「預算自主學校」運動（Self-budgetting School Movement）強調使用學校資源的自主權。主張中央教育局下放權力的，引進了校本活動，例如「校本課程發展」（School-based Curriculum Development），「校本教職員發展」（School-based Staff Development）及「校本學生輔導」（School-based Student Guidance）等。不過，有人卻認為中央權力下放到學校層面，並不能保證學校能有效地運用權力提高學校素質，所以學校負責人及教育服務接受者，須分享學校層面的決策權，而學校管理改革之共同決策運動亦接著出現。不容置疑的，在八〇年代，不同形式的校本管理，迅即成為世界各地教育改革的中心

課題及策略（Caldwell, 1990; Caldwell & Spinks, 1988; David, 1989; Dimmock, 1993; Mohrman & Wohlstetter, 1994）。

　　香港的學校教育可說經歷著上述類似的歷程。在七、八〇年代，香港致力學額擴充，以因應普及教育的需要（Education Commission, 1988, 1990），但教育素質並不理想（Cheng, 1992e; 1995b），香港決策當局亦有見及此，計畫在九〇年代提高教育服務素質，他們認識到「……如果中小學學校方面不能有效地讓學校每個成員盡展所長，全心全意為教育事業作出貢獻，那麼個別素質改善措施的成效便會十分有限」（Education & Manpower Branch & Education Department, 1991, p.1），便提出「學校管理新措施」（School Management Initiative），在頗大的程度上，改變過往中央嚴密管理的模式，給學校在管理及財政上較大的自主權。

　　校本管理的不同形式及其實施，已有研究者加以解說（Brown, 1990; Chapman, 1990），但從組織觀點解釋校本管理概念及原理，並描述其中學校特徵的，卻是甚少。Caldwell 與 Spinks（1988, 1992）及 Mohrman 與 Wohlstetter 等人（1994）是少數的例子。

校本管理原理

David（1989）總結改革中的校本管理基本特徵為以下兩點：
- 學校作為主要決策單位——學校決策應由學校運作的前線作出，所以應增加學校財政及管理的自主，減少從中央下達的控制。

• 擁有權（Ownership）作為學校改革主要條件──有效改革
並不依據外在程序，而主要需求就是有關成員合作，共同
作出決策。

除了上述兩項特徵，我們可以這樣進一步構思校本管理：
「校本管理」，指學校的管理工作是根據學校本身的特性和需要
而訂定的，所以學校的成員（包括校董、校監、校長、教師、家
長、學生等）有相當大的自主權（Autonomy）和責任承擔（Re-
sponsibility），為學校長遠發展，運用資源解決面對的問題及進
行有效的教學活動。

相對上，傳統學校管理，常常是一種由學校系統中央機構外
加緊控的「外控管理」（External Control Management）。外控管
理是指，學校的管理工作是外界的權威或中央所指令執行的，並
不照顧本身的特性和需要，校內成員只是執行工具，沒有多大的
自主權和責任承擔。

校本管理及外控管理，各有不同的學校運作及表現，反映出
中央權力管理學校系統採用不同管理原理（Principles of Manage-
ment）。主要分別在對教育的假設（Assumptions about Educa-
tion）及管理原理兩方面，簡列於表 4.1，分述於後。

不同的教育假設

傳統外控管理認為教育目標是簡單、單一的，而教育環境則
是差不多靜止的。所以沒有推行教育改革以適應環境的強烈需要，
而管理則傾向強調標準、穩定及追求教育數量。校本管理，假設

教育目標是多元的，以多元學校人士的期望為根據，也相信教育環境是複雜多變的。所以教育改革或學校改革無可避免，以適應環境轉變，提高效能，達到教育目標及追求教育素質。

表 4.1　校本管理與外控管理的原理比較

	校本管理	外控管理
教育工作特質	• 教育需求目標多元化 • 教育問題複雜、多變化 • 教育改革幅度大、頻次多 • 效能適應取向 • 追求素質	• 教育需求目標一元化 • 教育問題簡單、少變化 • 教育革新少 • 標準穩定取向 • 追求數量
學校管理原理 （中央對學校）	• 殊途同歸原理： 　達成目標，可有多種不同方法 　強調彈性靈活，各施各法 • 權責下移： 　問題無可避免，應在發生的地方及時地解決問題 　講求效率解難 • 學校是自行管理系統： 　自行管理 　主動開發承擔責任 • 重視人的積極性： 　發展內在的人力資源 　校內成員廣泛參與 • 內部過程改進	• 標準結構原理： 　達成目標應有標準方法程序 　強調通用性，放之四海皆準 • 中央集權： 　事無大小，由中央作周詳控制，避免發生問題 　追求程序控制 • 學校只是執行系統： 　外在控制 　被動承受 　無從問責 • 重視制度的精密性： 　加強外在監管 　官僚系統膨脹 • 投入成本控制

（改自 Y. C. Cheng, 1993i）

殊途同歸原理與標準結構原理

根據傳統的管理理論,例如科學管理方法(Scientific Management Approach)(Taylor, 1947; Urwick, 1947)及科層理論(Theory of Bureaucracy)(Weber, 1947),傳統學校系統管理強調組織結構及標準程序(Standard Procedure)的功能。外控管理認為,達到目標應有標準方法及程序,通用於各學校。所以管理學校的主要方法,只是從外面監察標準結構運作的程度。

相反,校本管理則基於較現代的管理原理——殊途同歸原理(Principle of Equifinality)(Hackman & Walton, 1986; Katz & Kahn, 1978),認為達成目標可有多種不同方法,強調彈性靈活,各間學校應各有不同的條件,故適宜各施各法,進行管理。由於目前的教育工作相當複雜,而各學校的特性(例如學生學術水平與社區情境)差異也很大,要用一種標準結構管理學校,無疑不切實際,難言效能。故此,殊途同歸原理鼓勵中央放手,讓學校有較大的活動空間,發展和訂出獨有的策略,以有效管理和教學。

權責下移原理與中央集權原理

權責下移(Decentralization)和中央集權(Centralization)代表著兩種截然不同的管理原理。後者與標準結構原理一致,追求程序控制(Procedural Control),避免學校發生問題,故此事無大小,都由中央作周詳控制,學校的決策權甚少,事事請示中央,

造成外控管理現象。學校遇到難題或危機，往往未能及時解決。
目前的教育工作複雜多變，這種管理方式更顯得缺乏效能，Edu-
cation and Manpower Branch 及 Education Department（1991）的新
措施，對中央集權的流弊作了頗為詳盡的分析說明。

　　權責下移到學校，可說是現代學校管理改革的重要現象
（Brown, 1990; Caldwell & Spinks, 1988; Hill and Bonan, 1991），
與上面所說的殊途同歸原理是一致的。校本管理由權責下移而生，
基本原理是：「學校的管理和教學活動，無可避免會有問題和困
難，所以應給予學校權責，在發生問題的地方，及時而有效地將
問題解決」（Provenzo, 1989）。換言之，學校管理目標是效率
（Efficiency）和解難（Problem-solving），不是避免問題。所
以，校本管理應是能夠有效發現學校本身的問題，及時加以解決，
對教與學活動的效能作出更大貢獻。

自行管理系統原理與執行系統原理

　　從整個教育政策來看，學校系統往往被看作是一種達至政策
目標的「工具」（Means），或是一個須嚴密外控的被動系統。
學校角色是被動承受中央指令，沒有明確指定的主動權及問責權
（Accountability）。校本管理並不否定學校須達到政策目標，但
認為要實現政策目標，可以有許多方法（即殊途同歸原理）。故
此，讓學校在主要政策目標和架構下成為一個「自行管理系統」
（Self-managing System），擁有相當自主權，根據學校自己特有
的條件，發展教學目標及管理策略，調動人手，分配人力及資源，

解決問題，達到目標。由於學校是自行管理的，故此亦較能主動承擔責任。

目前的「校本管理運動」，也可說是學校管理角色由「被動執行系統」轉變為「自行管理系統」。

人積極性／主動原理與制度精密性／結構控制原理

校本管理與外控管理，代表著過往兩種不同管理的意識形態。人因素與結構因素相比，何者更重要？外控管理認為只要組織目標及工作清楚明確，則可強調組織的結構因素，設計理想的組織結構或精密的系統，使人有效工作。不過，若運作不理想或出現問題，將是結構或外控出了問題（Bolman & Deal, 1991a）。依這觀點，管理往往傾向加強對學校的監管，並增加條例控制學校。結果自然是，中央權力層構系統的膨脹。可能出現的一種生態現象就是：外在控制愈是加強，學校成員對中央權力愈是依賴，他們的主動性則愈低。結果，學校變得無效能，一味被動倚賴，於是中央要再加更多資源、監管及控制，希望提高教育素質。這樣的外控管理顯然是缺乏效能效率的。香港以前的學校管理問題及困境，頗能代表這種現象（Education and Manpower Branch & Education Department, 1991）。

隨著現代管理學上的人際關係運動（Human Relations Movement）及行為科學運動（Behavioral Sciences Movement）的發展，人們已十分重視人的因素對組織效能的關鍵影響。人力資源觀點（The Human Resource Perspective）強調人是組織的寶貴資源，管

理的重點在發展校內的人力資源，發揮他們的積極性（Bolman & Deal, 1991a, pp.63-107）。基於這觀點，校本管理以建立一個合適環境，讓校內成員廣泛參與，發展所長為目標。因此，學校教育素質的提升主要是由學校內部過程，尤其是人方面的改進而達至的。現時已有不少研究指出，學校的組織環境能否推動成員的積極性是學校表現優劣的關鍵（Cheng, 1991c, 1986b; Likert, 1967; Beare et al., 1989; Tam & Cheng, 1995, 1996），故此，管理模式，應由重視制度精密性的外控模式，逐步轉為重視人的積極性的校本模式。事實上，這種轉變並不代表揚棄結構和制度，因為沒有結構和制度，人也可能無所適從，難於進行評核問責。不過，由於目前教育工作的多元性和複雜性，若缺乏人的積極性和創造性，則不可能有效提高教育素質。

組織中人與結構間的兩難（Dilemma），歷來是管理上的核心問題（Bolman & Deal, 1991a, pp.190-209），還沒有明確的解決辦法。近來，有些學者提出一個值得參考的意念，稱為「同時鬆控—緊控性質」（Simultaneous Loose-Tight Properties）（Peters & Waterman, 1982; Sergiovanni, 1984）。對學校的管理，可根據主要的政策和目標，訂下明確制度和法例，嚴格規限學校及有關人士的角色和責任，但對於校內的具體運作管理，則給予寬鬆的空間，鼓勵成員自主發揮，盡其所長。看來香港「學校管理新措施」（Education and Manpower Branch & Education Department, 1991）亦採用了這種意念，在緊控的方面，要更加明確訂定教育系統內各部分有關人士的角色和職責，要有明確的學校管理規章，要有全面而具體的學校計畫書（School Plan）和校務報告（School Report），並要有健全的教師考績（Teacher Appraisal）制度以便問責。在「鬆控」方面，在學校層面擴大學校運用和拓展資源的權力，鼓勵家長、教師、學生及校友參與決策。

校本管理的特徵

　　管理原理不同，校本管理與外控管理的學校內部運作各方面，都有分別。現就辦學理想、管理策略、活動性質、資源運用、學校及有關人士的角色、人際關係、行政人員素質及效能指標等方面，描述校本管理的特徵，如表 4.2 所示。

辦學理想

　　雖然幾乎所有學校都有辦學宗旨（School Mission），但不少卻是抽象甚至空泛的，例如「發揚五育」、「為社會培養人才」、「作育英才」……等，未能有效指引學校的管理和教學活動。從外控管理的理念來說，學校是工具，執行中央交付的「標準教育任務」，教學內容和方式受嚴密監管，教學活動亦受統一考試帶動，故此，學校本身的辦學理想看來並不重要，或是含糊，因為指引教學活動的「理想」已實際由外界給與和塑造，學校成員不需要發展或承擔。在外控管理模式來看，辦學理想的重心在執行和保守中央所給與的工作。若我們相信辦學理想代表著學校的組織文化（Organizational Culture），那麼，外控管理的學校就會缺

乏自己鮮明而強力的組織文化，難於帶動學校成員勤奮工作，全心投入（Beare et al., 1989; Peters & Waterman, 1982; Schein, 1992）。

　　對於校本管理的學校，辦學理想是代表學校本身一套共有的期望（Expectations）、信念（Beliefs）及價值（Values），指引著校內成員的教育活動和工作方向。從近年興起的組織文化觀點來看，這是組織文化（Organizational Culture），對學校的運作和效能影響極大（Cheng, 1993h；Sergiovanni, 1984；Beare et al., 1989）。強烈鮮明的學校組織文化，是應由校內成員共同發展、共同擁有的，因而願意共同承擔責任，願意投身學校努力工作，實現共同理想。強的學校文化可以社會化（Socialize）新的成員，使他們認同學校的辦學理想，亦可強化舊的成員，使他們繼續合作，肩負學校的使命，不怕困難挑戰（Deal & Kennedy, 1982; Schein, 1992）。

　　可以說，校本管理和外控管理的辦學理想，代表兩種不同的學校組織文化。因此，學校表現分別很大。若我們希望學校積極提供高素質的教育服務，學校成員就必須為自己的學校，發展強勢的學校組織文化。

學校活動性質

　　學校過程，可根據管理方式分為「校本性」與「非校本性」兩種。「校本活動」是學校根據本身特性、需要及處境進行管理和教育工作，而「非校本活動」卻是由外在因素（特別是中央權力機構）決定學校的教育活動。

表 4.2 校本管理與外控管理校內運作比較

運作特點	校本管理	外控管理
辦學理想	• 鮮明，由成員共同發展、共同擁有及願意將之實現 • 重視參與發展教育理想 • 強烈鮮明的組織文化	• 含糊，由外界給與，不是成員發展及接受的 • 重視執行保守外來的使命 • 衰弱模糊的組織文化
活動性質	• 校本性活動： 根據學校本身特性和需要進行管理和教育工作	• 非校本性活動： 由外在因素決定管理和教育的內容及方式
管理策略 　對人的觀念	• Y 理論 • 複雜人 • 重視參與發展、人的需要	• X 理論 • 唯利人 • 重視監管控制
對學校組織的觀念	• 學校是學生、教師、行政人員生活的地方，各人都有發展的權利	• 學校是工具，教師是僱員，合用則留，無用則去
管理目標	• 多元動態的，以長期發展為依歸	• 簡單、靜態和短視的，多以成績為依歸
決策方式	• 分權參與 • 教師甚至家長學生參與決定	• 中央集權 • 行政人員決定
領導方式	• 多層面領導，除技術、人際領導外，還有象徵、文化及教育領導	• 低層面領導，以技術、人際領導為主
權力運用	• 專家權及參照權的綜合運用	• 偏重法定權、獎賞權及強制權
管理技術	• 成熟的科學技術	• 簡單的技術或經驗

（下頁續）

（續上頁）

資源運用	• 學校有自主權：自計預算 • 資源運用配合學校需要 • 及時運用資源解決問題 • 可另行開發，增加教育資源	• 中央嚴格規定 • 資源運用標準化一律化，有條例控制 • 特殊用途，循例申請，待批 • 難於開發新資源，避免程序繁複
角色分別 學校角色	• 主動開發型： 開發學校的特有條件，發展學生、教師和學校、解決問題	• 被動接受型： 執行中央指定的任務，依循「行政程序」，害怕失誤
教育署角色	• 支援及指導者	• 嚴密監控者
行政人員角色	• 目標發展及領導者 • 人力發動及調協者 • 資源拓展者	• 靜態目標看守者 • 人事監管者 • 資源控制者
教師角色	• 夥伴 • 決策者 • 發展者 • 執行者	• 僱員、隨從 • 聽令者 • 受命者 • 執行者
家長角色	• 素質教育服務的接受者 • 夥伴：積極參與及合作 • 支持者	• 數量教育服務的接受者 • 外行人：不能參與及合作

（下頁續）

（續上頁）

人際關係	• 夥伴關係 • 團隊精神，開放合作 • 共同承擔 • 組織氣氛： 　投入型	• 層階關係 • 上司下屬，封閉及防衛 • 利益衝突 • 組織氣氛： 　無首型、離心型、控制型
行政人員 素質	• 有現代的管理知識和技術 • 能不斷學習成長，發現問 　題解決問題 • 眼光胸懷廣闊	• 有相當的行政經驗 • 能依隨章則規條辦事，避 　免問題產生 • 熟悉現行條例
效能指標	• 重視多層面、多元化指 　標，包括輸入、過程和產 　出各方面，學業成就進展 　只是其中一項 • 評估是學習過程，改進學 　校	• 偏重最後階段的考試成 　就，忽略過程和發展 • 評估是行政監管手段

（改自 Y. C. Cheng, 1993i）

　　外控管理的學校，只執行中央政策指定的工作。教學內容及方法以至考試，都有劃一標準，設施、人事編制、教學及管理等受中央周詳控制。所以，學校活動是非校本的。舉例來說，香港各學校的教學課程是標準的，由中央指引及控制。雖然近年大力提倡校本課程設計，往往亦囿於教具及教學法的改變，學校的管理模式仍然維持外控模式，校內活動便無法成為真正學校為本。

　　由於外控管理未能針對實際需要，亦無法激發學校成員的主動性，靈活地解決問題及推行活動，於是出現了不同形式的校本

改革，以提高學校活動的效能。

近十年世界各地大力推行學校活動「校本化」（Caldwell & Spinks, 1988; Provenzo, 1989; Chapman, 1990），香港近年也出現了「校本課程設計」、「校本輔導教學」、「校本學生輔導」、「校本教職員發展」等活動的倡導（Education Commission, 1990）。

上述討論顯示，校本特性對提高教育素質是重要的，間接促使學校管理從外控模式轉為校本模式。不過，任何一項校本活動的效能，例如校本教職員發展常常決定於學校有什麼程度的校本管理。所以不難理解校本課程發展活動，為何不能在外控學校有效推行。

管理策略

學校管理策略從外控管理到校本管理的轉變方向，可從對人性假設、對學校組織的概念、決策方式、領導方式、權力運用及管理技術等方面反映出來（Cheng, 1990d）。

對人性假設

對學生、教師的人性持有不同看法，管理手法自然有異。根據 McGregor（1960）的看法，管理上的人性假設有兩大類型：「X 理論」和「Y 理論」。前者認為人本性懶惰，逃避責任，故此管理手法以監管督導為主，懲罰控制實無可避免。後者則認為人非厭惡工作，工作和遊戲同是人的天性，在適當條件下，人能

自動自發為認同的目標服務,不僅願意接受職責,而且尋求更多
責任,故此管理手法以民主參與為主,實行分權授權管理,重視
專業發展和工作改進。現代的行為學者(Maslow, 1943; Alderfer,
1972),多半認為人有不同層次的需求,除經濟利益外,更會追
求社交及聯繫,追求自我實現(Self-Actualization)及發展才華的
機會;為了滿足更高層次的需求,人願意接受挑戰,更努力投入
工作。Schein(1980)進一步將人性假設分為四大類:唯利人
(Rational-Economic Man)、社會人(Social Man)、自動人
(Self-Actualizing Man)及複雜人(Complex Man)。不同管理方
法,通常基於不同的人性假設。外控管理根據「X理論」,認為
人唯利是圖,故使用嚴密監管方式管理教師和學生。不過,若我
們相信學校成員每人都有不同的需求和能力,而人性是複雜多變,
則採用「Y理論」較合適,富有彈性,並提供不同機會,滿足教
師和學生的不同需要,發揮他們的長處。

對學校組織概念

在外控管理模式,學校管理者往往以為學校目標是明確簡單、
靜態而不需發展的,又以為學校本質只是完成這些目標的工具和
手段,教師就是僱員,他們的價值就是工具的價值,合用則留,
無用則去。顯然這種想法有違現代管理的原則。無論對象是工商
機構還是公營服務組織,人們對組織的觀念已有很大的轉變,相
信組織是人生活和發展的地方,而不獨是達成某些靜態目標(例
如產品數量)的工具(Likert, 1967; McGregor, 1960)。校本管理
的學校組織不但應是為兒童將來作準備的地方,也是學生、教師、

甚至行政人員目前生活、成長、追求發展的園地。沒有愉快而豐富的學校生活，談不上學生在準備什麼樣的將來；沒有教師和行政人員不斷的專業發展及學校生活的熱誠投入，學生談不上有什麼豐富的學習生活。所以，校本管理學校不單是栽培學生的地方，也是栽培教師和行政人員的地方。這也是「校本教職員發展」計畫對學校效能重要的原因（Cheng & Tam, 1994）。

決策方式

在中央的緊密控制下，傳統的學校決策多由行政人員或中央權力作出，然後由教師執行。教師甚少機會參與決策，被視為不必要。面對日漸複雜的教育工作及外在環境，學校管理應由學校層面的決策方式轉為「分權」（Decentralization）或「參與」（Participation）方式，原因有下列各點：

- 學校目標往往不夠明確又多變。教師、家長、學生，甚至校友可參與發展學校目標。這樣更能反映現狀及未來的需要；
- 學校目標是多元的，任務是複雜的，需要更多人的智力、想像力及努力才能完成，教師、家長、學生參與決策，代表著他們重要的心智貢獻（Intellectual Contribution）；
- 參與決策是提供重要機會，給成員學習及發展、了解及管理學校；
- 參與決策是鼓勵教師、家長、學生投入學校的過程。

這些原因，也說明在決策上，為何校本管理應該比外控管理來得優勝。

領導方式

根據 Sergiovanni（1984）的看法，校長的領導方式有五個層面，由低至高順次為技術領導（Technical Leadership）、人際關係領導（Human Leadership）、教育領導（Educational Leadership）、象 徵 領 導（Symbolic Leadership），以 及 文 化 領 導（Cultural Leadership）。外控管理的領導方式，集中在較低的層面，認為技術及人際關係，對達到學校目標及完成外在權力指派的工作更重要，忽略象徵和文化領導兩方面。如果我們相信，我們的學校工作愈來愈艱鉅複雜，學校成員的背景、想法及才能愈來愈分歧，便要加強校長領導的象徵及文化方面。校長以身作則，幫助成員明白並欣賞學校各種活動背後的意義，消除成員間的分歧，澄清不穩定及不明朗因素，發展學校本身獨特的文化和使命，推動各人同心協力，拓展未來。簡言之，管理校本化，校長領導方式可從較低層面領導變為多層面領導，在技術及人際領導外，加上教育及文化領導。

權力運用

學校管理往往不可脫離權力的運用。根據權力來源的不同，French 和 Raven（1968）將權力分為五類：獎賞權（Reward Power）、強制權（Coercive Power）、法定權（Legitimate Power）、參照權（Reference Power），以及專家權（Expert Power）。外控管理的學校多使用法定權，其次為強制權及獎賞權，而對參照權和專家權往往忽視。根據學者之研究，以這樣不平衡的權力運用，

管理教育機構，會有不良後果，影響成員的表現和工作滿足感
（Bachman et al., 1968）。故此，傳統的權力運用應該改變。校本
管理，傾向發展人力資源及鼓勵成員的承擔及主動性，所以推薦
的行政人員以使用專家權及參照權為主，注意教師的專業增長，
要成為教師的專業領導者，並以高尚人格，感召教師學生熱誠工
作。

管理技術

隨著行為科學研究與組織理論的迅速發展，許多重要的管理
技術已經發展出來，並廣泛應用到各種不同的組織管理上。例如，
決策分析（Decision Analysis）有許多科學方法，組織內的衝突管
理（Conflict Management）亦有不同技巧和對策，組織的變革與
發展有不同的實施策略。外控管理的學校受中央嚴密監管，只執
行中央指令；無形中，中央承擔了大部分校內管理責任，校內行
政者要做的管理工作及所要的技術，也相應較為簡單。但當學校
管理校本化，校內管理工作自然變得較為繁重複雜，傳統簡單的
管理技術實不足以應付，便需要採用新的管理技術和觀念。

資源運用

由於普及教育的推行，學校經費及資源大都直接來自政府，
政府需要縝密監察學校的財政狀況及資源運用，正如教育統籌局
及教育署（Education and Manpower Branch & Education Depart-
ment）（1991）所描述，香港津貼學校的資源運用受到非常嚴格

監管，事無大小，都須向中央請示批准，學校亦不能輕易開發新的來源。所以學校不能有效使用資源以配合管理及教學所需，而同時中央卻投入大量人手及資源，監管學校資源的運用。自八十年代起，英、加、澳、美等地已開始了一些「校本財政預算」（School Self-Budgeting）計畫，讓學校有更大的自主權運用資源和開發資源（Caldwell & Spinks, 1988），香港亦著手增加學校的酌情使用權。校本財政預算提供了重要的條件，說明學校可以就本身的特性和需要有效運用資源，及時解決問題，追求學校的目標。

角色分別

　　政府的學校管理政策、學校辦學理想、學校活動性質、校內管理策略及資源運用的方式，都會直接或間接地決定學校及有關人士的角色。根據上面討論，校本管理與外控管理的學校角色、教育署角色、行政人員角色、教師角色，以及家長角色都應顯著有別，現分析如下。

學校角色

　　外控管理的學校角色是「承受被動型」（Passive-Receptive Style），以履行中央指定的職責為本，嚴謹遵守行政程序，害怕失誤，即使學生教師的利益與程序規例有牴觸，也要以程序為先。校本管理則以學校本身的特性為出發，開發學校的特有條件，發展學生、教師及學校，故此學校角色是「主動開發型」（Initiative-

Developing Style），主動解決問題，竭盡所能，幫助教師有效教學及學生有效學習。

教育署角色

在外控管理模式，主角是教育署，角色是「嚴密監管者」（Strict Supervisor），控制及監督學校所有的活動，事無大小都承擔過問，造成官僚體制膨脹。在校本管理模式，主角是學校本身，教育署的角色只是支持者（Supporter）或顧問（Advisor），協助學校發展資源及長處，進行有效的教學活動。

行政人員角色

外控管理學校的使命及辦學目標是外加的。學校行政人員的角色是「目標看守者」，防止學校偏離中央的指令；他們又是「人事監管者」（Personnel Supervisor）及「資源控制者」（Resource Controller），力求遵從規矩處理人事及資源。相較來說，校本管理的行政人員角色則是「目標發展及帶領者」（Goal Developer and Leaders）、「人力發動及協調者」（Manpower Starter and Co-ordinator）、又是「資源拓展者」（Resource Developer），他們要因應學校情境及需要的轉變，為學校發展新的目標，並帶領成員高度合作、全心投入學校運作，向目標前進。同時拓展更多資源，推動學校發展（Sergiovanni, 1984）。

教師角色

外控管理的學校，教師的角色是「僱員」、「隨從」、「聽

令者」及「執行者」，他們是被動的隨從，不能參與決策，只有
聽候指派，執行學校及中央指定的任務和命令。至於校本管理的
學校，辦學理想和管理策略都鼓勵參與發展，教師的角色是「夥
伴」、「決策者」和「發展者」，當然也是「執行者」，他們是
一起工作的夥伴，共同承擔學校使命，積極參與學校決策，推動
有效的教學及發展學校的未來（Jones & Maloy, 1988）。

家長角色

　　無論是外控管理還是校本管理，家長都是接受服務的對象，
學校代他們教育子女，但家長的角色在不同管理方式的學校，有
明顯分別。在外控管理模式，家長接受一種「量的服務」（Quan-
tity Service），標準的課堂時間、在學年期及課程內容等。家長角
色只是「接受者」、「被動者」，被動地接受學校的安排，不能
參與學校的教育過程，亦不用表達自己的期望，對學校無法監管。
相對來說，在校本管理模式，家長接受一種「質的服務」（Quality
Service），學生獲得所需的教育，家長角色是「夥伴」及「支持
者」，能參與學校過程，不單合作教育個別學生，亦致力幫助學
校健全運作及發展，捐獻資源，提供情報資訊；而在有困難危機
時，能支持並保障學校（Cheng, 1991g; Berger, 1987）。

　　管理模式的轉變引入有關角色的轉變，尤其是學校管理模式
從外控管理模式轉為校本管理模式時，學校、校內行政人員、教
師以及家長（或甚至學生）都應從過往被動消極的角色變為主動
積極，這樣才能有效開發及運用資源，改進學校。

人際關係

Cheng（1991c）對香港津貼中學的組織環境的研究，顯示學校的環境氣氛可分為四大典型：投入型（Commitment Style）、無首型（Headless Style）、離心型（Disengagement Style）及控制型（Control Style）。根據校本管理的特性，人際關係應是開放合作、強調團隊精神及共同承擔，組織氣氛傾向「投入型」。相較來說，外控管理強調階層關係（Hierarchical Relationship）及指令執行，上司下屬各有不同利益，人際關係較為現實封閉，組織氣氛並不理想。若校長無心學校、無心帶動，則學校形成「無首型」組織氣氛；若教師普遍疏離無意工作，而校長又無能為力，則學校形成「離心型」氣氛；又若校長實施高壓管制，不理教師反應，則學校難免產生「控制型」氣氛。這三種組織氣氛都不利於學校的教學管理工作，並影響學校效能（Cheng, 1991c）。

行政人員素質

外控管理與校本管理是兩種完全不同的管理模式，而所需的行政人員素質，則有很大分別。由於外控管理模式只重執行指定任務，避免錯誤，故此，行政人員只需有相當的行政經驗，熟悉現行條例，能依隨章則規條辦事，避免問題產生，就能成為成功的行政者。若制度沒有大改變，他們也不需要再學習或再接受訓練。

校本管理的學校有相當的自主權，面對複雜的教育工作及追求教育發展，重視參與及發展。故此，行政人員素質要求甚高，他們不單要有現代的管理知識和技術，以開發資源發動人力，也要能不斷學習成長，發現問題解決問題，改進學校（Argyris & Schön, 1974）。簡言之，他們除熟悉現行條例外，也從學習中擴展眼光胸懷，幫助學校長遠發展。

效能指標

正如前面所說，外控管理的學校，學校使命及目標發展並非重要，所以最後階段的考試成績，就成為唯一主要的學校效能指標，而非學校的教育過程及其他重要成就。正如第二章所論，學校效能是一個複雜的理念，須以多層多面的指標進行評估。在校本管理模式，學校效能評估是一個幫助學校改進的學習過程及方法。所以效能評估，除學生學業發展外，更應重視多層（學校、小組、個人）、多面的指標，包括學校的輸入、過程和產出各方面。

校本管理傾向的測量

以校本管理及外控管理特徵為理念根據，可發展出一套評估學校趨向校本管理的程度。如表 4.2 所示的十一個特徵，包括學校使命、學校活動本質、學校角色、行政人員角色、家長角色、

人際關係及效能指標，可選取一個量表的兩極端，一端代表校本管理，而另一端則代表外控管理。根據這十一項主要特徵，可發展出一個量度，評估學校對校本管理的傾向程度，其中每項特徵以七分度量制給分，以 1 分最接近校本管理，7 分則最接近外控管理。舉例說明：

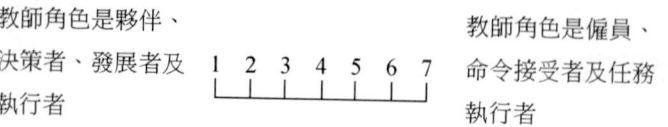

教師角色是夥伴、決策者、發展者及執行者　1 2 3 4 5 6 7　教師角色是僱員、命令接受者及任務執行者

　　未做統計前，各項得分以反向記錄，十一項總得分代表傾向校本管理的程度（見表 4.2）。

　　本測量法在作者的研究計畫（1991 年開始）作過測試。該計畫目標是研究學校管理改革，題目為「香港的學校管理新措施」，參與研究的中學有二四一所（佔學校總數的 76%），校監一二七人，校長二〇四人及教師超過六千三百人。約六分之一（一〇九二人）的抽樣教師，隨機分配完成此問卷（同時，其他教師則完成另外一些問卷）。每所抽樣學校的教師得分平均值，就是學校得分，反映學校傾向校本管理的程度。根據教師的回應，估計信度（Reliability）（內在一致性）alpha 值為 0.932，顯示這測量問卷相當可信。用主要成分分析（Principal Component Analysis）進一步觀察其因子結構（Factor Structure），發現主要因子只有一個，有 6.57 的特徵值（Eigen Value）及 59% 的可解釋變異（Explained Variance），研究結果支持問卷的構念效度（Construct Validity）

（Cheng, 1993l）。

進一步研究校本管理傾向程度與三類其他量度，即教師表現
（Teacher Performance）、校長領導（Principal's Leadership）及組
織表現（Organizational Performance）的相關，以考驗其同時效度
（Concurrent Validity）及預測效度（Predictive Validity）。教師表
現可根據以下幾方面進行量度：

- 成就感（Sense of Efficacy）──指教師認為自己的教學努
  力已帶領學生走向成功，個人得到成功、滿足感的程度。
  此量度從 Newmann、Rutter 及 Smith（1989）改寫而成。

- 團隊感（Sense of Community）──指同儕間團結、歸屬及
  合作互助的程度。此量表改寫自 Newmann 等人（1989）。

- 專業興趣（Professional Interest）──指教師們討論專業事
  情、對工作表示興趣及尋求進一步專業發展的程度。量表
  改寫自 Fraser 與 Fisher（1990）。

校長領導量表發展自 Cheng（1993k）、Bolman 與 Deal
（1991b）及 Sergiovanni（1984）的研究，根據下列向度作出評
估：

- 人際領導（Human Leadership）──指校長支持及助長成員
  合作、參與和發展的程度。

- 結構領導（Structural Leadership）──校長能以清晰之邏輯
  思維、發展明確目標及政策、使成員對工作成果問責的程
  度。

- 政治領導（Political Leadership）──校長建立同盟、推動
  工作、解決同事間矛盾的有效程度。

- 象徵領導（Symbolic Leadership）——校長具魅力，感染激勵成員的程度。
- 教育領導（Educational Leadership）——校長強調及鼓勵專業發展及教學改進的程度。

組織表現以下列變項評估：

- 學校組織結構（Organizational Structure）——以三個修改自 Oldman 與 Hackman（1981）及 Hage 與 Aiken（1967）的量表進行評估，分別是：正規化（Formalization）、權力層構（Hierarchy of Authority）及決策參與（Participation in Decision Making）；
- 學校組織效能（Organizational Effectiveness）——評估量表修改自 Mott（1972），包括效能的生產力（Productivity）、適應力（Adaptability）及靈活性向度（Flexibility）；
- 校長教師關係滿意度（Satisfaction of Principal-Teachers Relationship）——評估量表發展自一個研究計畫（Chan, Cheng & Hau, 1991）；
- 組織文化（Organizational Culture）——量度組織意識形態強度（Strength of Organizational Ideology），以之描述學校組織文化的強度（Alvesson,1987）。根據 Price 與 Mueller（1986）和 Cheng（1993h）發展而成的量表；
- 學校管理問責的清晰度（Clarity of School Management and Accountability）——指教師清楚知道高層面的管理角色、教師評核、學校財政狀況、資源管理、學校計畫及角色期望的程度；

- 改進需要（Need for Improvement）──指在學校運作十五
  方面改進的需要程度，包括家長支持、收生素質、教學資
  源、物理環境及設施、教職員發展、士氣、學生表現、決
  策參與、教師考績及行政程序與管理等等。量表由本研究
  計畫發展而成。

　　上述所用的量度工具的信度（Reliability）及效度（Validity），已於本研究或先前研究中受到測試。為減低問卷數量及完成問卷所需時間，把這些量表合成四套，由每校四組隨機組合之教師回答，每學校量表的平均值就是該校的得分。以學校為分析單位（Unit of Analysis）。

　　校本管理傾向量表得分與上述量表得分間的 Pearson 相關分析結果，簡列於表 4.3。校本管理傾向程度與上述教師表現、校長領導，及組織表現的量度，差不多全有強烈相關。研究結果顯示，校本管理傾向與教師成就感、團隊感及專業興趣、校長人際領導、結構領導、政治領導、文化領導及教育領導、校長教師關係、教師參與決策及學校管理問責清晰度、學校組織效能及組織文化強度有正面相關。相應地，校本管理傾向與學校改進需要及權力層構則是負面相關的。從校本管理傾向與正面教師表現、多向度強勢校長領導、正面人際關係、教師參與、問責清晰、有效能組織運作及強烈共同學校價值、信念的密切關係，可見校本管理傾向量度的同時效度及預測效度，得到強力的支持。

　　根據校本管理傾向程度得分最高的三成與最低的三成學校，分為兩組，相對地可稱為「校本型」及「外控型」學校。這兩組學校表現特性的剖析圖，可根據各量表得分多少而描繪、比較，見

表 4.3　校本管理傾向量度與教師表現、校長領導
及組織表現量度的相關

	與校本管理傾向量度 相關係數
教師表現	
成就感	.3172**
團隊感及專業興趣	.3497**
專業興趣	.3590**
校長領導	
人際領導	.3851**
結構領導	.3348**
政治領導	.3411**
文化領導	.4057**
教育領導	.3983**
組織表現	
校長教師關係	.3674**
權力層構	-.2226**
教師參與決策	.3892**
正規化	.1521
學校管理問責清晰度	.5012**
學校組織效能	.3685**
組織文化強度	.3734**
學校改進需要	-.4825**

註：樣本數：220 所學校　　　　* p < 0.01, ** p < 0.001

於表 4.4。所有量度經標準化（Standardized），以平均數（Mean）為 0，標準偏差（Standard Deviation）為 1 而得出來。

由表 4.4 所示的學校剖析圖來看，校本型與外控型學校，除在正規化外，在教師表現、校長領導及組織表現幾乎所有量度的得分，都十分不同。校本型學校，教師傾向表現較高的成就感、團隊感及專業興趣，而校長則傾向擁有強烈領導，表現於結構、文化、人際、政治及教育各方面。校長教師關係是正面而組織效能也較高。學校成員間強烈擁有共同學校目標、價值及信念。決策下放及教師參與受到鼓勵。這些學校被視為沒有強烈改進的需要。

比較來說，外控型學校，教師在工作上表現的信心較少，同事間合作較少，對專業發展及專業事宜不大有興趣。校長管理學校，在差不多所有重要方面都欠缺領導力，而教師也不滿意與校長的關係。這些學校的生產力、靈活度及適應度均被認為無效能。學校沒有明確使命、目標，而成員間也沒有共同價值及信念。這些學校的決策相當中央集權，教師鮮有機會參與。教師認為學校須在學校運作不同方面作出改進，如家長支持、收生素質、教學資源、物理環境及設施、教職員專業發展、士氣、學生表現、決策參與、教師考核及行政程序與管理。以上結果，提供進一步證據支持這校本管理傾向的量度，對預測校本管理及組織表現的一些重要特徵，是有效的。

表 4.4　校本型學校與外控型學校剖析圖比較

	校本型學校 （組平均值）	外控型學校 （組平均值）	t 值
教師表現			
成就感	.4383	-.3115	4.47***
團隊感及專業興趣	.4894	-.3649	5.05***
專業興趣	.5352	-.3071	4.75***
校長領導			
人際領導	.5225	-.3842	5.55***
結構領導	.4453	-.3406	4.78***
政治領導	.4658	-.3373	4.74***
文化領導	.5533	-.4507	6.57***
教育領導	.5352	-.4058	6.27***
組織表現			
校長教師關係	.5079	-.4024	5.43***
權力層構	-.3298	.2790	-4.24***
教師參與決策	.5264	-.2660	4.92***
正規化	.2044	-.0082	1.26
學校問責清晰度	.5937	-.5646	7.72***
學校組織效能	.4802	-.4732	5.30***
組織文化強度	.5291	-.2820	4.94***
學校改進需要	-.6354	.5938	-8.06***

註：* $p < 0.05$, ** $p < 0.01$, *** $p < 0.001$

校本管理－追求效能的條件

　　校本管理和外控管理，建基於完全不同的管理原理。校本管理，採用殊途同歸原理及權責下移原理，假設學校是自行管理系統，重視人的積極性和內部過程改進。外控管理，則以標準結構原理及中央集權原理為本，假設學校只是執行系統，重視制度的精密性和投入成本控制。由於兩者基於不同管理原理，學校運作特徵及管理出現很大差別。

　　校本管理的學校有明確的學校使命、強力的組織文化及校本化教育活動。這些學校的管理策略鼓勵參與及發揮人的積極性。資源運用有頗大的自主權並可另行開發。學校及有關人士角色以主動發展為主。人際關係是開放合作、共同承擔。行政人員素質要求高，要不斷學習。學校的效能評估要包括多層多面的輸入、過程及產出等各方面的多層多面指標，能幫助學校學習改進。

　　相對上，外控管理的學校辦學理想及組織文化較為含糊，校內活動由外在因素決定，未必能配合學校所需。管理策略較為傳統保守，目的在監管控制，不在激勵。資源運用受中央嚴格規定，難於有效開發。學校及有關人士的角色以接受及被動為主。人際關係則較為封閉疏離，難於合作。行政人員素質要求不高，只需熟悉現行條例。學校的效能評估多用單面指標，忽視學校過程及發展，難於幫助學校改進。

　　顯然，校本管理在學校運作上有充足的自主、靈活性及擁有

權，能提供所需條件，幫助學校達到多元目標。長遠上，以動態方式在多元指標上發揮最大效能。外控管理限制學校的積極性，當然就不能鼓勵學校學習、發展及在多元目標上追求效能。世界各地很多學校改革正努力把外控管理轉為校本管理，道理昭然。

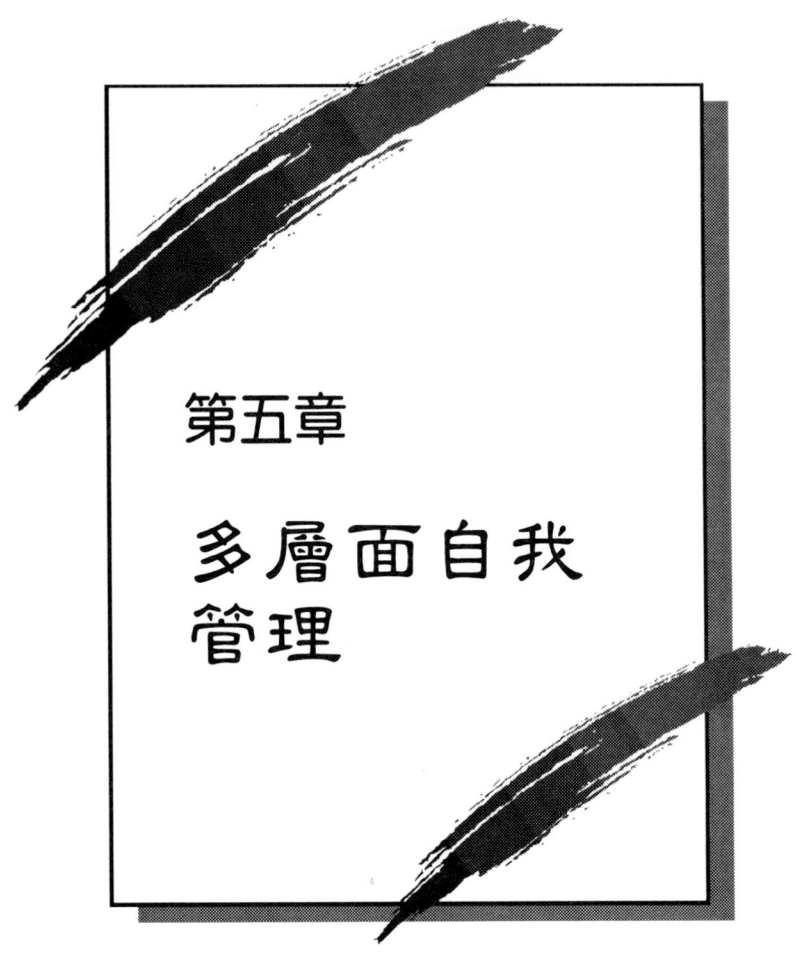

第五章

多層面自我
管理

第四章介紹及討論了校本管理的基本理論。校本管理的特性可提供便利學校發展及追求動態學校效能的必要條件。本章將整合學校多層面策略管理及自我管理概念,進一步發展校本管理的知識基礎。

多層面觀點之需

不少當代校本管理之研究,只提及學校層面的權力下放或自我管理,且往往假定學校自主權及責任感增加的結果就是教育效能,產生有素質的教育效果(Cohen, 1988)。然而,這假設卻有令人質疑之處。就校本管理效果來說,研究者看法並不一致。一方面有人指出校本管理有提高教師、家長及學生的滿意水平及教師專業取向(Teachers' Professionalism)方面的效能(例如Brown, 1990; Collins & Hanson, 1991; David, 1989)。另一方面,有些人卻觀察出頗負面的結果。他們發現,教師焦慮及負荷過重的水平頗高,亦無實徵證據顯示校本管理與學生教育結果有關(例如Arnott, Bullock, & Thomas, 1992; Cheng, 1992a; Malen, Ogawa, & Kranz, 1990; Mitchell, 1991)。所有結果,反映了有需要對校本管理作進一步了解。

實質上,學校是在中央特准的架構下,採用校本管理,成為自我管理的。因此,在此等中央架構內,學校是在學校內部運作,諸如學校約章(School Charter)的訂立、課程的計畫及實施、財政預算、評估及監管有關的日常運作上,得以自管(Caldwell &

Spinks, 1992）。若校本管理主要關注的是追求動態的多層面學校效能，則須進一步探索學校如何能盡量利用校本管理的力量，成為有效的自管，尤其涉及在學校、小組及個人不同層面的員工表現方面的管理問題。目前，提出學校多層面自管的校本管理理念的研究，幾乎絕無僅有。

　　誠然，在學校自管的情境及教學的鬆管（Loose Coupling）情境內（Deal & Celotti, 1980; Owens, 1991; Sergiovanni, Burlingame, Coombs, & Thurston, 1992; Weick, 1982），教師個人或員工小組履行每日職責的主動性及投入感，對達至內部學校效能至為重要。教師的主動性，可視為對他們專業職責的一種自我管理（Caldwell & Spinks, 1992; Stoll & Fink, 1992）。我們可從學校層面、小組層面及個人層面進一步了解校本管理。

學校層面自我管理

　　正如第四章所論，目前正進行的校本管理運動，目的是為學校創造條件，以回應轉變中的內外環境，讓他們更有效發展及達到目標，並有組織地學習，迎接不同的環境挑戰。所以，能確保學校達至有效自管的合適管理過程，非常重要。關於這點，論者（例如 Caldwell & Spinks, 1992; Cheng, 1993c, 1994f; Holt, 1990）指出，策略管理（Strategic Management）有效地為學校提供活力，以面對內外挑戰及盡量發揮學校效能。策略管理是能夠維持學校整體，適當地配合環境變遷、改進學校表現、達到學校目標

及持續發展的一個過程。所以，校本管理，尤其是學校層面的自管，應以策略管理過程為本，如圖 5.1 所示。

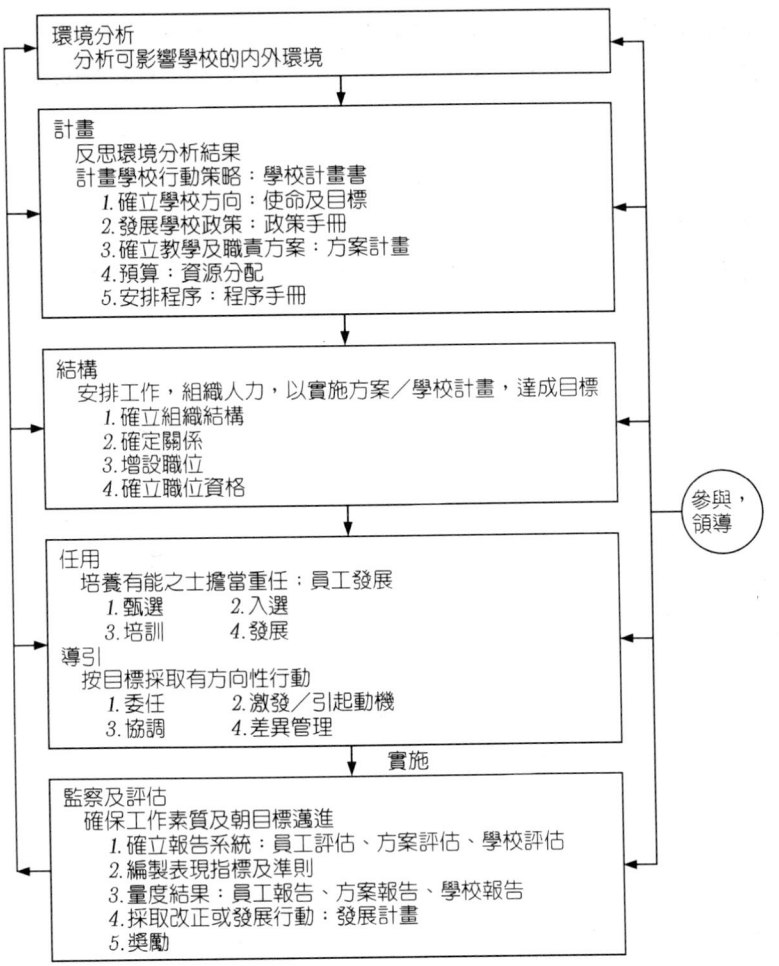

圖 5.1　策略管理過程：學校層面之自我管理

　　策略管理是一個循環過程，共有五階段：環境分析（Environ-mental Analysis）、計畫（Planning）及結構（Structuring）、任用（Staffing）及導引（Directing）、實施（Implementation）、監察（Monitoring）及評估（Evaluation）（Cheng, 1993c, 1994f）。策略管理不同於傳統管理，因其重視回應環境轉變造成的短期或長期影響，而作出發展計畫及策略。所以，環境分析及循環過程對策略管理非常重要。策略管理的其他成分如計畫、結構、任用、導引、監察及評估，可參考 Mackenzie（1969）傳統管理過程的描述。在管理過程的每一階段，領導及參與的貢獻都是重要及必需的。

環境分析

　　策略管理過程的開始階段就是環境分析（Environmental Analysis），分析並反思對學校有決定性影響的內外環境、學校（包括有關學校成員）本身整體情況及這環境下的學校使命及目標。

　　此階段所分析的是內外環境的強處（Strengths）、弱點（Weak-nesses）、機會（Opportunities）及危機（Threats）（即強弱機危分析）（SWOT Analysis）。分析結果將作為計畫階段的基礎。外在環境包括社會、政治、經濟、文化及科技的發展、他校的競爭、家長及社會人士的期望、區內學生人數的估計、教育創新、中央教育局提供教育服務之指引……等。內在環境方面，可針對人力資源、財政資源、物理資源、收生情況、學校氣氛、各種教育方

案等作出分析。

　　環境分析過程中，學校可進一步了解本身在不同層面的結構／技術功能、人際／社會功能、文化功能及教育功能的效能（第一章）。由分析的結果，可進一步反思學校的使命及目標。在分析中，意義的發展（Development of Meaning）（例如為什麼會這樣？價值為何？為何這樣做？）對學校非常重要，說明學校的存在意義，使學校活動的實施更有效。了解學校活動的正面意義，有助學校成員明白他們所做的是什麼，並激勵他們投入學校的活動、勤於工作及發展專業。發展出來的意義，有助指引管理活動的方向，例如計畫、結構、任用、導引及評估；同時亦有助指引教與學的方向。員工間共同擁有的意義愈強而明顯，則學校文化愈強而鮮明（即共同信念價值愈強）。換言之，意義的發展是建立學校文化的第一步。

計畫及結構

　　環境分析的結果，為學校提供有價值的資料。學校可用以配合當時的內外環境，為學校計畫活動及策略（Strategies），包括建立學校使命（Mission）、政策（Policies）、方案（Programs）、預算（Budget）、組織結構（Organizational Structures）及工作程序（Work Procedures）。學校使命及目標，可透過員工的參與決策而建立。學校使命將說明學校的方向及目的，包括有關服務範疇、學校哲學、教育及管理之信念價值、學校自我形象及學校運作之指引原則等資料。在很大程度上，學校使命就是所有學校活

動意義的精要說明，有助所有成員集中注意及力量於同一方向。

由於學校各有環境約束、資源限制、時間限制及不同利益的小組，所以在追求多元學校效能的動態過程，要設定目標優先次序時，常遭受不同的壓力（見第三章）。學校的不同工作小組，往往要經交涉，才能同意在某時限內要達至的共同目標及優先次序。在決策過程中，有關組別需要有份參與，並利用環境分析結果，了解學校面對的難題和挑戰，作出解決問題的決議及建立學校的政策。參與性的決策，使參與者覺得當家作主，由此產生的決議，較之被外在權力強加者，成功實施的機會更大（Caldwell & Spinks, 1988, 1992; David, 1989; Fullan, 1992）。

根據共同決策的結果，學校可規畫各樣的行動方案（Action Plan）及教學方案，並分配資源。同時，學校必須建立合適的組織結構及工作程序，以完成整套目標；包括合適的資訊流程（Information Flow）、溝通渠道（Communication Channels）、明確的關係、工作的規定、職位條件、指令鏈（Chain of Command）及其他相關問題。簡言之，規畫及結構過程目的是為學校方向作出理性決定，及訂出最大效用的工作方法、資源運用及結構，以達至學校目標，及追求進一步發展。

任用及導引

有了可行的學校規畫及合適的結構，自我管理過程則可進入任用（Staffing）及導引（Directing）階段。學校要發展及有效地行動，必須懂得任用及導引人力資源，培養有才幹的員工，幫助

他們為學校目標及效能進行有意義的工作。

任用，包括招聘有能之士擔任要職，聘用新員工，訓練員工獲得履行職責所需之知識、技能，及提供專業發展機會。導引，包括委派責任、推動高素質工作、鼓勵獨立思考及解決矛盾衝突、管理員工間差異、協調各方力量成為有效的團隊、激發員工的創造力，並為員工提供工作指引。在實施工作規畫、實現學校目標及追求長期發展時，成功的任用及導引，能使成員的主動性及效能發揮至最大。員工發展的理論與實踐將於第八章詳細介紹及討論。

實施

學校有了整體的規畫和結構，員工又獲得任用及導引，就可全力實施方案。在這階段，學校將要確保不缺工作上所需的資源、輔導及支援，使功能性方案（Functional Programs）及教學性方案（Instructional Programs）都能成功開展。學校要協調不同工作／方案小組間資源的運用，並鼓勵各有關層面有效地使用這些難得資源。有需要時，不妨因情況的變化酌加額外資源及支援。同時，這階段須確保所有方案的實施，均有效地符合學校的政策及目標。

監察與評估

到了這階段，學校整體表現將受到評估（Evaluation）及監察（Monitoring），以確保它是朝向學校的目標及方案的目標進展。

學校自行訂立報告及評估系統（Reporting and Evaluation Systems）
〔例如員工評估（Staff Appraisal）、方案評估（Program Evaluation）及學校評估（School Evaluation）〕、表現指標及準則、個別員工及方案小組酬賞系統。透過這些系統，學校表現受到監察、評估及調節；並在員工報告、方案報告及學校報告中陳述其中成就、進展和問題。監察評估重點在保證學校方案的素質，進行改正，及再規畫未來發展。所得資料，有助反思學校環境、重新思考學校方向、重建政策、重新計畫行動方案及重組結構。換言之，監察及評估結果有助開展下個策略管理循環。此階段可提供所需的資料，協助個人、小組及學校進行學習、改進及發展。

領導及參與

　　在整個管理過程中，學校成員的參與（Participation）及校長（／行政人員）的領導（Leadership）是必需及關鍵的。領導的責任就是啟動及維持策略管理過程（Caldwell & Spinks, 1992; Cheng, 1993g），發展有助繼續追求學校效能及發展的學校文化（Schein, 1992; Sergiovanni, 1984），並確保教學活動之素質及效能，及協調個人、方案及學校層面的課程發展（Hallinger & Murphy, 1987）。領導對策略管理之貢獻，將於較後篇章論述。

　　策略管理過程涉及不同重要人士的參與，諸如教師、學生、家長及社區領袖（甚至是政策制定者），對學校層面的自我管理之成敗，至為重要。學校成員或重要人士參與有關決策及計畫的重要活動，諸如發展意義、監察問題、取得及分享資料、發展意

念、制訂政策、計畫行動及方案、分擔責任及權力。一般來說，參與為管理過程及學校效能提供了以下功能：

- 參與者的時間、經驗、知識及技能，為更佳計畫及實施提供重要的人力資源；
- 參與包含不同觀點及專長，可提供較高素質的決策及計畫；
- 參與程度愈大，則成員支持決案的實施、對結果的承擔感、問責及投入感則愈大；
- 參與管理，為個人及小組提供豐富專業經驗及追求專業發展的機會；
- 成員參與計畫及決策，可為學校提供較大機會，克服抗阻，改變無效的慣性；及
- 參與本身是有關成員的重要價值（values）或權利（rights）。

學校策略管理之潛在優點

根據 Greenley（1986）描述商界或其他機構採用策略管理之經驗，學校策略管理的潛在優點，可總結如下：

- 增加學校推動高素質教與學的能力；
- 協助學校更有效地分配及運用資源；
- 加強學校成員透過參與計畫，達成對長期目標的承擔；
- 協助學校配合轉變中的環境；
- 在問題未發生前，發出警訊；
- 協助學校行政人員對學校更加關注；

- 使學校對環境轉變產生警覺，並作出回應的行動；
- 鑑別是否需要重新定義教育及管理的本質；
- 改進達到既定目標的方法；
- 使學校行政人員對學校管理有更清晰的理解；
- 幫助學校找出及開發學校未來發展及改進的機會；
- 客觀看待管理問題；
- 提供審閱執行計畫及控制活動的架構（Framework）；
- 把不利情況及轉變的影響減至最低；
- 協助學校成員更有效地把確立的目標與主要決策聯繫起來；
- 對已確認的發展機會，給予更有效的時間及資源分配；
- 協調計畫的執行策略；
- 使所有的學校運作功能整合起來，結合而成力量；
- 把浪費在修正臨時決策的時間及資源減至最低；
- 為內部人事溝通開創架構；
- 容許在計畫的時限內，排列優先序；
- 協助引導成員的個人行為，成為學校的整體力量；
- 提供澄清個人責任的基礎，有助引起工作動機；
- 在人事方面，鼓勵向前看；
- 激發以一個合作、整合及熱心的途徑，處理問題及把握機會。

　　上述策略管理五階段有先後次序，而每階段均提供啟動另一階段的方法及基礎。記著這點，則不難理解學校策略管理過程，是自我推動及循環不息的。上述的自我管理過程，使學校整體覺察到轉變的挑戰，因而重整學校使命、政策及行動計畫。這樣自

我更新、自我學習，便隨著適應不斷改變的內外環境而產生了。
學校層面的循環自我管理過程的五個主要特徵，簡列於表 5.1。

　　除了學校層面，有效的校本管理，也必須透過員工在不同工
作小組的表現，實現出來。下文將集中在發展小組及個人層面的
自我管理概念。

小組層面之自我管理

　　過去二十年來，僱員之個人控制及責任日益受重視，對管理
工作者及專業人士，無數機構已較多採用自我管理之策略（Graen
& Uhl-Bien, 1991b; Manz, 1983; Manz & Sims, 1987; Walton, 1985），
目的在組織中發展「自我管理」（Self Management）的文化。
九〇年代，透過員工增賦權能（Staff Enpowerment），引入自我
管理工作小組（Self Managing Work Team）（Donovan, 1989; Odi-
orne, 1991），提高了僱員工作主動性及投入感（Hackman, 1986;
Walton, 1985），工作世界遂逐步傾向參與管理（Participative Ma-
nagement）。組織若要有優秀的輸出，員工自我管理（Staff Self
Management）是必需的（Manz, 1986; Sandy, 1990; Stewart, 1992）。

　　員工自我管理的發展帶給教育界不少啟示。教學是高度自主
及鬆控（Loose Coupling）的專業。教師履行職責時，往往比較自
主，校長通常只給與低度監督。教職員在某程度上可兼有小組及
個人層面的自管。

　　工作小組（Work Group or Team）可視為學校組織的縮影，基

於此，學校層面的自管概念可延伸到小組層面。工作小組自我管理（Group Self Management）的理念，與學校層面相似，是一個自我推進及循環的自我管理過程（下稱「小組自管」），簡列於表 5.1，與學校層面並列。

小組自管循環的第一階段是環境分析，反思小組內外環境的「強弱機危」。外在環境可包括與其他小組之關係、學生本質、家長期望，及學校氣氛等。內在環境可包括小組成員間關係、小組規範（Group Norms）、成員投入感與專業才能，及成員之價值信念等等。

根據環境分析的結果，自管小組計畫行動方針，以完成指派的工作。首先是發展與學校目標一致的小組使命（Group Mission）及目標，而小組成員間擁有共同使命及目標，也是小組有效運作的關鍵因素（Hughes, 1991）。接著下來，就是根據已訂的使命計畫活動，確定工作關係，設計工作程序及溝通渠道。成員的工作量則由小組自己調節；遇有矛盾衝突，可透過小組成員參與決策，經交涉及妥協加以解決。

計畫及結構後，就是任用。小組的任用情況，受學校分配的人力所規限。在這規限內，小組得分派合適員工開展小組工作。為確保得到有才能的員工，十分重視員工專業發展及小組學習；對新成員則必給與入職輔導或在職訓練。

在實施階段，焦點將在有效地開展教育方案，小組可自行調節實施進度，確保現有資源得以適當分配及利用。成員間互相支持及輔導，有助建立組內強有力的支持網絡（Support Network）。

表 5.1　多層面自我管理

自我管理的階段	在學校層面的過程	在小組層面的過程	在個人層面的過程
環境分析	• 反思影響學校生存的內、外環境 • 分析學校的強項、弱點、機會及危機	• 反思小組成敗關鍵的內、外環境 • 分析小組的強項、弱點、機會及危機	• 反思個人特性及外在環境 • 分析個人強項、弱點、機會及危機
計畫及結構（學校、小組） 計畫及聯繫（個人）	• 訂立學校使命、政策、及行動方案 • 經交涉及妥協而作決定 • 訂立組織結構、預算、及資源分配	• 發展與學校使命一致的小組方向及行動計畫 • 經交涉及妥協而作決定 • 訂立工作設計、確定關係及溝通渠道	• 在小組及學校確立的架構內發展個人目標及行動計畫 • 制定個人的教育方案計畫及設 • 與同事、學生、家長及社區建立關係
任用及導引（學校、小組） 發展及導引（個人） 實施	• 招聘及任用員工 • 催確獲得所需資源，如員工事業支持 • 關注所有方案實施相關的問題	• 任用成員 • 協助新成員事業發展及小組學習 • 催確獲得資源適當分配 • 催確成員間互相皆導支持，便有效解決問題 • 關注小組方案的有效實施	• 發展個人事業素養 • 分配個人資源及工作重點 • 催確分配資源的有效用途 • 經常鍛練有關專業技術 • 關注在小組或方案個人的表現
監察及評估	• 訂立方案或方案的工作標準、監察及控制系統 • 評估全調節方案的步伐 • 催確執行方案時方案的素質 • 利用所得的資訊啟動下一循環的學校自我管理	• 訂立工作標準、自我監察及調節小組的工作步伐 • 評估小組整體表現 • 催確執行方案時小組的表現 • 利用所得的資訊啟動下一個循環的小組自我管理	• 訂立個人表現標準、觀察自己、監察及調節個人工作步伐 • 評估個人表現 • 利用所得的資訊啟動下一個循環的個人自我管理

改自 W. M. Cheung and Y. C. Cheng, 1996

　　為確保有高素質小組表現，工作小組訂定本身的工作準則，調節本身工作速度；並經常根據訂下的工作準則，進行小組表現的自我評估；成員間也不斷就有關工作進行交流。小組表現因而得以透過不斷的修正及調節，完成指派的工作。此外，這階段獲得的資料，可用作推動小組啟動另一循環的小組自我管理。

　　小組自我管理其中一個關鍵特徵，就是遇上問題，可立刻在組內處理，而解決問題的一般模式，就是透過組內的參與決策，尋求解決方法；當問題無法在組內解決時，則尋求外來幫助。使小組自管過程有效的一些主要因素是：只要小組之方向與學校使命及政策不相違背，學校管理層由始至終不干預小組自管過程；學校管理層尊重成員興趣及工作風格；建立開放溝通氣氛；及讓教師成為其工作之主人。先前的研究也是支持這觀點的，如McConkey（1989）及 Puckett（1989）。

　　根據上述建議的自我管理循環，小組可以知道內外不斷變化的挑戰，發展小組成員，幫助他們面對及管理挑戰。在這循環裏，小組是自我教育（Self Educating）及自我更新（Self Renewing）的；無疑，教師專業因而得以提高及發展，從而使學校整體受惠。

個人層面的自我管理

　　小組的核心成分就是個人成員。自管小組沒有自管的個人成員則不能有效運作（Manz, 1991; Novak, 1991）。所以，必須有個人層面自管，小組自管才能發揮最大效能。自管過程幫助個人對

外來挑戰作出回應，使個人繼續學習，是十分重要的。上述小組自管過程略加適當修改，即可達到描述個人自管過程這目的。個人層面的自管過程〔以下稱「個人自管」（Individual Self Management）〕的理念，是一個循環過程。在小組及學校擁有的自主範圍內，個體員工經歷以下的自我管理（Individual Self Management）過程：

啟動階段，員工個人進行環境分析，正如小組自管一樣，他們要對內外環境作出反思。內在方面，要反思作為小組及學校成員的個人特質（Personal Attributes）的「強、弱、機、危」；集中分析他們自己的專業才能、個人對教育管理之目標，及價值信念等。外在方面，要反思與其他成員的關係、學生能力及家長期望，及與同事之競爭及合作，等等。

計畫及聯繫（Planning and Affiliating）這階段，個人層面自管過程與小組相似。作為個人，教職員根據第一階段的反思，明確表達他們自己的方向及行動方針（例如教學方式），以可能的自主空間及所得的資源，完成指定的工作。當然，他們的行動計畫是受小組及學校的使命所規範的。制定個人的教學方案的規畫，設計有關技術，發展自己的工作進度表及程序，選擇自己的教學內容、次序及方法。此外，他們與同事、學生、家長及社區成員間也建立良好聯繫及關係。良好的聯繫，對工作規畫及往後的實施，都很重要。

計畫及聯繫之後，就是發展及導引（Developing and Directing）階段，個人在這時候要作好準備，以肩負重任。根據小組自管過程的任用導引階段略加修改，個人在這階段要藉著經常參加

專業訓練課程及與同事交流意見，盡力發展專業才能；他們也合適地分配個人資源，例如時間及專注（Attention）等，自我引導（Self Directing）。這樣，他們就能經常自學，並能面對外來環境的挑戰，完成任務。

在實施階段，焦點集中方案或小組的個人表現。為使有效實施，個人要確保分配所得資源的有效運用。透過經常鍛鍊專業技巧，在方案實施時將有更佳的實際表現。還有，在自管過程中，教職員經常藉著自我獎賞（Self Rewarding）及自我懲罰（Self Punishment）以強化及推動自己（Manz, 1986）。

最後階段，即監察及評估。員工訂定自己的表現標準，觀察自己，監察及調節個人的工作步伐，評估自己的表現，以確保個人有較佳表現。然後利用所得的自我評估資料啟動下一個自我管理循環。

個人自管過程之主要特性簡述於表 5.1。自我管理循環是自我推動的。在循環裏，員工個人會留意自己的限制、自己的優點，使在完成工作時，更有靈活性及適應性。無疑的，自管的結果，個人得以自我教育及自我更新。

完成學校使命的主要動力，就是組成小組及學校整體的各個員工。所以，個人層面的自我管理是小組層面自我管理的基本單元（Building Block），而小組層面自我管理就是學校自我管理的基石（Corner Stone）。

多層面自我管理

　　上述所構思的學校自我管理，是一個循環的自我影響過程，賦與員工（包括行政人員）某程度的自主，員工可以在學校、小組及個人層面上，自行設計工作方向及管理自己的表現。圖 5.2 說明了這理念的整體概念：有效的校本管理必須涉及三層面的自我管理，缺一不可，他們是互相支持的。這三層面的自管過程循環是互扣的；個人自管的空間受小組及學校的範圍限制，而小組自管則受學校層面範圍限制。這些限制的效應就是學校影響小組，小組影響個人。

　　學校層面的環境分析結果，影響小組及個人的方向。若不是直接影響運作，也會影響他們在環境分析及行動計畫的明確表達。學校層面自管的第二階段——規畫及結構階段——也影響小組及個人自管活動的有效運作。如此類推，學校自管循環的不同階段結果，都影響小組及個人自管循環的運作。根據三層面的自管循環類似的本質，我們也可假定小組對它們的成員有相應的影響。按這分析思路，我們也可假定，自管循環每一階段的影響都是由上而下的，即較高的層面影響較下的層面。

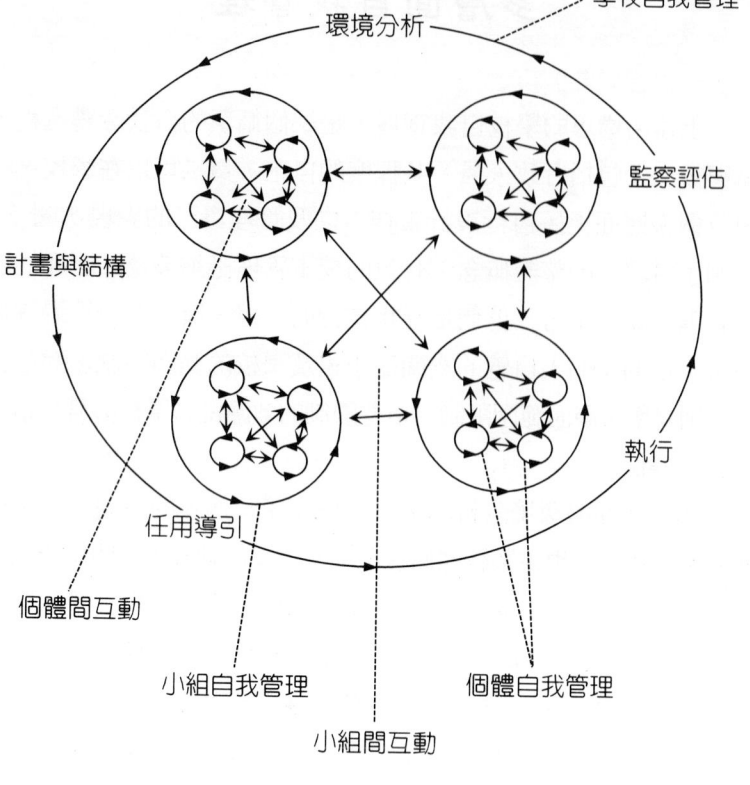

圖 5.2　多層面自我管理循環

（改自 W. M. Cheung & Y. C. Cheng, 1996）

　　學校是一個十分複雜的網絡，員工間在不同層面上發生互動。
前面所講的影響不單由上影響下，也有類似由下向上的影響。例

如，個人層面的環境分析結果，會塑造他們參與學校層面或小組層面活動時的取向。當這些取向整體鞏固了，無可避免會影響小組及學校層面決策過程之方向及結果。於是，個人也可向上影響小組及學校層面的自管過程。我們亦可假設，同樣的向上影響存在於小組及學校層面間。既然有相互的影響，學校若要實行有效的校本管理，則三層面自管循環運作上，非有某程度的一致性不可。這包括學校使命、小組方向及個人目標的一致、學校層面小組及個人層面慣常工作程序的一致、三層面員工發展方向的一致，及實施教育方案步伐的一致。

上行及下行影響外，在小組及個人層面還有第三類的影響——側面影響。這類影響基本上是小組間（Between Group）及小組內（Within Group）互動的結果。根據 Holt（1990）的分類，互動有兩種：必需性互動（Required Interaction）及可選性互動（Optional Interaction）。無論是哪種，個人在小組內彼此間產生情意上、認知上及行為上的互動作用而影響個人的表現。在小組層面上，組別間也在情意、認知及行為上彼此影響。若能覺察出這些小組間及小組內的互動效應，又能有效地加以處理，則可產生正面影響，有助成功實施學校自我管理。相反，若不能看出負面影響及有效地處理，則會滲進互動中，對學校自管效能造成損害。

自我管理之有利條件

從上所論，我們明白到有效自我管理，並不會自動在學校出

現，必須符合某些條件。中央教育部應採取主動，藉著下放權力到學校，啟動校本管理。有了適當的自主，學校才可在不同層面開始自我管理，這是先決條件。論者強調，若要自我管理成功，自管小組內個別教師的表現影響最大。不過，若學校層面沒有相應的措施協助教師，教師自我管理的成功將會受阻而拖慢（Jones & Meurs, 1991）。以下先簡述有助學校自管的學校層面重要條件，再簡述小組及個人層面的一些條件。

學校層面條件

參與決策

員工的「擁有感」（Ownership）對變革實踐成敗的產生有決定性影響（Fullan, 1992）。所以，需要建立一個能鼓勵「學校擁有感」的參與決策機制，設立學校管理議會，邀請教師及家長擔任學校董事。與此同時，設立行政委員會，以校長、科主任及部門主管作為委員，參與決定學校有關事務，使學校例行行政工作受到監察。也可設立不同目的的其他類似委員會，例如顧問議會，解決教師執行日常職責遇到的問題。不過，參與決策的精要是可以獲得及公開有關資料，幫助決策。

教學自主

鼓勵課程及教學（設計及傳授）自主的機制，對啟動學校專業自我管理不可或缺。學校應對課程發展及創新委以權力，准許

在指定範圍內靈活運用各類資源。

開放及自主的學校文化

文獻清晰指出，培養一個開放自主的學校文化對指引學校及其員工作出有效的自管，至為重要（Caldwell & Spinks, 1992; Deal & Peterson, 1990; Renihan & Renihan, 1984; Sergiovanni, 1984, 1990）。因此，學校須培養及維持這種文化，使員工對教育及自我管理擁有共同使命及遠見。

策略領導

啟動及導引學校層面的策略管理過程或自我管理，有賴一個新的領導概念——策略領導（Strategic Leadership）。策略管理包括五項，就是技術領導（Technical Leadership）、人領導（Human Leadership）、政治領導（Political Leadership）、文化領導（Cultural Leadership）及教育領導（Educational Leadership）。直接影響策略管理過程的環境分析、規畫結構、任用導引、實施及監察評估。策略領導將於第七章詳論。

小組及個人層面條件

除了上述學校層面之條件有助自我管理的推行外，小組及個人層面的其他條件都很重要，以下就情意、認知及行為三方面加以簡述：

情意條件（Affective Conditions）

學校自管這概念，並非人人都能接受（Hughes, 1991）。若要成功進行自我管理，必須讓員工個人及小組整體作好情意上的準備。這是主要的條件，可幫助個人及小組接受，並作好準備，承擔自我管理過程應盡的責任。

認知條件（Cognitive Conditions）

教師的信念價值，往往影響他們在學校的表現（Rosoff, Woolfolk, & Hoy, 1991）。員工對教育服務應有共同的信念價值（Caldwell & Spinks, 1992）。再加上與學校使命及目標一致的團隊工作，才能成為有效能的自管個人及小組。

行為條件（Behavioral Conditions）

除了認知及情意的準備外，小組也必須具備自管專業才能。小組層面的自管才能是指小組在以下幾方面的表現：(1)自我引導及自我計畫（Graen & Uhl-Bien, 1991a; Latham & Locke, 1991; Manz & Sims, 1990）；(2)自我調節工作及步伐（Salem, Lazarus, & Cullen, 1992）；(3)自我監管、控制及解難（Graen & Uhl-Bien, 1991a; Sauers et al, 1990）；(4)經常交換員工（Manz & Sims, 1990; Sauers et al, 1990）及訓練小組成員（Salem et al., 1992）。根據 Eraut（1993）的理念，專業才能是指掌握專業知識（例如學科內容）及過程（例如教學能力）。小組的個體成員也須具有上述自我管理能力及專業能力的行為，小組整體才算在行為上有能力自

我管理。

　　根據 Manz（1983）及 Manz 與 Sims（1990）的理念，個人層面自我管理能力是指教師在目標訂定、提示管理（Management of Cues）、排練（Rehearsal）、自我觀察、自我懲罰，及建設性思維（Constructive Thought）的建立等各方面表現的才幹。專業能力是指專業知識（科目內容）及過程（教學能力）的掌握。一般相信，教師個人在這兩方面有能力，才算準備好進行自我管理，完成任命，從而對小組整體表現作出貢獻。

　　根據上述所論，我們發現，除非學校層面的條件已首先符合，而上述三項條件又符合，否則小組自我管理及個人自我管理都難以成功做到。若不符其中任何一個條件，小組及個人自我管理的成效都會減低。

自我管理與學校效能

　　正如第三章所論，學校效能動態觀點，強調學校對環境轉變的敏感性及對內外環境約束的適應性。解決先存的組織矛盾，盡量發揮多功能多層面的學校效能，長期來說是可能的。這思路與目前強調校本管理、策略管理或發展計畫以改進學校表現，有很大程度的一致性。

　　正如第四章及本章所論，目前校本管理運動的目標是建立參與、改進、創新、問責及專業持續成長的有利條件，提高學校成員的自主性。透過權力下放，決策參與，學校管理工作可根據學

校本身特性及需要而訂定。所以學校成員（包括董事局、校監、校長、教師、家長及學校等等）擁有較大自主權及負較大責任，運用資源解決問題，推行有效教學活動，使學校能長期發展。

　　校本管理改革，在很大程度上，能解除外來對學校運作的緊控，鼓勵學校成為多層面的自管系統，可以採取主動辨認問題及需要，培養參與，作出決策，計畫行動，改進表現，追求轉變環境中的發展與長期效能。換句話說，多層面自我管理有助學校、小組及個人成員在動態過程中學習、適應及發展，以追求多元指標的效能。由於校本管理重視資源的獲得、分配及運用的靈活性，鼓勵學校有關人士參與決策、內在過程的改進、回應內外環境的轉變、學校目標的發展及達成，所以為學校及其成員提供了必需條件，使擁有自主權及主動性，以開展一個追求多模式效能的動態過程。以下分別說明多層面自我管理對不同模式學校效能的貢獻：

目標模式

　　不同層面的自我管理，均須訂立學校目標（Goals），且須計畫好在指定時限內達到。不過，實施過後，經環境分析，這些目標須再經審閱，有需要時重新發展。這種做法，實在包含目標模式的重點。

資源輸入模式

　　根據校本管理條件，學校有自主權爭取更多資源，更靈活有效運用資源。再者，環境分析及規畫機制有助學校發展合適策略，

爭取更多資源。所以，自我管理也配合資源輸入模式所強調的資源與學校效能關係。

過程模式

在不同層面的自我管理過程中，組織層面、小組層面及個人層面的情境及表現，都受到監察、評估、分析及報告。不同層面的「強、弱、機、危」的評估，為發展規畫提供十分重要的資料。這樣做有助個人、小組及學校的改進及發展。明顯地，自我管理包含了內在過程模式所重視的過程改進。

滿意模式

校本管理中，中央權力下放，鼓勵有關人士在運作層面自主積極。重要人士如家長、社區，甚至學生在學校參與決策及發展規畫，往往加強他們的滿足感及投入。換言之，自我管理符合了滿意模式的主要要求。

認受模式

學校自我管理成分如系統的環境分析、發展規畫、監察及評估等，能幫助學校贏取公眾的認受性，也確保對公眾的問責性。學校可透過這機制建立良好的公共關係、問責形象、聲譽及社會地位，可以達到認受模式所強調的學校效能。

無效能模式

自我管理過程的評估及監察系統，定期提供資料，改進學校、

小組及個人層面的表現，解決問題及消除困難。透過自我管理機制，可除去各層面的無效能運作及不佳的表現，而達到無效能模式的要求。

組織學習模式

　　三層面的自我管理過程是一個連續學習過程，幫助整所學校、小組及個人注意環境轉變及教育需要，克服外來約束及內部障礙，改進表現及有效地發展學校。所以對組織學習模式所關注的重點有直接貢獻。

全素質管理模式

　　根據全素質管理模式，學校若能在運作上，讓所有成員參與及增賦權能，在學校過程各方面不斷改進，及在轉變的環境中，滿足學校內外有力人士的要求、需要及期望（見第二章），則這學校才算有效能。全素質管理是各模式的整合。所以，多層面的自我管理過程若對上述各模式有貢獻，整體而言自然適用於全素質管理模式。

　　上述所論，可見多層面校本管理或自我管理的特徵，能反映所有八個模式所強調及關注的要素。由於學校效能分類與學校效能模式有密切關係，自我管理過程也有助學校盡量發揮不同的長期學校功能。透過策略管理機制，學校可找出效能類型間的不協調及可能造成的障礙，然後發展合適的計畫及行動加以補救。例如，某校一向只著重內部效能效率，忽略社會層面的效能，將來

便有可能因忽略社會層面指標的外在效能，而受到來自社區或外在環境的壓力。若這學校能有系統進行環境分析，則會留意到這方面的壓力，制訂合適的措施，在學校層面，也在社會層面上發揮最大效能。

　　總的來說，多層面的自我管理，為學校提供追求發展及長期效能所需之條件及機制，沿著螺旋形軌道上升，如圖 3.2 所示。目前強調的校本管理及策略規畫，與動態觀點一致。長遠來說，學校可透過動態過程，達至多模式多類型的學校效能。所以，多層面的校本管理或自我管理能配合多元學校效能的理念，對目前的教育改革應有幫助。

第六章

校本管理發展機制

　　建立有效校本機制，以追求學校發展及動態效能，除了校本管理理論及多層面自我管理過程的概念，學校過程特性的理解也是關鍵。本章介紹由學校過程矩陣理念概括出來的新概念——「層塊管理」（Layer Management），並以此建立一個校本管理機制的管理單元（Unit of Management）。另外，也會發展一個學校科技及學校文化的矩陣理念，以理解學校內部運作及效能。然後提出協調原理解釋內部學校過程效能，指引管理、教學及學習的活動。最後，根據校本管理原理、多層面自我管理概念、層塊管理概念、學校科技文化的矩陣，及協調原理，提出一個有效的校本機制（School-based Mechanism），以供校內實踐之用。

學校過程矩陣

　　學校過程可包括三方面的過程，即管理過程（Management Process）、教學過程（Teaching Process）及學習過程（Learning Process）：管理過程——校長及行政人員在領導、管理及員工發展上影響教師的過程；教學過程——教師在領導、師生關係及教學策略上影響學生的過程；學習過程——學生在認知、情意及行為上改變及發展的學習過程。所以，學校過程可以利用一個包括三向度：角色類別（Actor Category）、過程層面（Process Level）及效果範疇（Effect Domain）的矩陣說明，如圖 6.1 所示。

　　學校的關鍵角色（Key Actors）就是校長、行政人員、教師及學生。校長及行政人員幫助學校成員弄清楚教育方向，給與合適

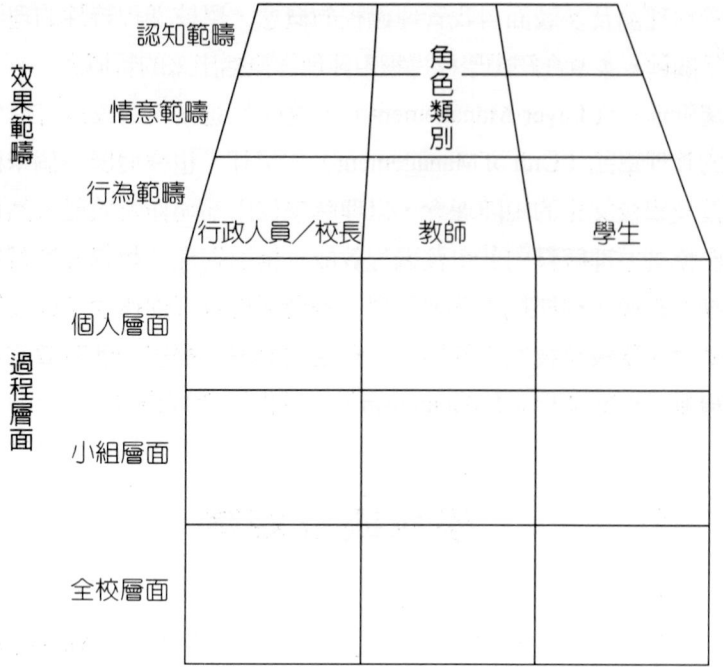

圖 6.1　學校過程矩陣

環境、科技及資源，並鼓勵他們對教、學及發展，充滿動機。舉
例來說，優秀的學校教育應該有一個這樣的校長，他是一個集結
構、人際、文化、政治及教育領導於一身的領袖（Bolman & Deal,
1991a; Cheng, 1994d; Sergiovanni, 1984）。教師職責就是運用適當
的教學策略，創造合適的學習環境，使學生有動機學習及發展。
學生的角色就是根據教育目的及內容而學習、體驗及發展。學校

內在教育過程效能均受這三類角色的表現所影響。

　　傳統上，教育過程被認為只是個人層面的事，由教師個人主持，又由學生個人接受。由於引入了教學管理（Instructional Management）及教育過程（Educational Process）這些較廣義的觀念，狹義的觀念已逐漸改變。首先，教育可以在方案／小組（Program/Group）或整個學校層面規畫及實施。目前，無論是從方案／課程規畫或學校整體入手的方法，都強調有計畫的集體力量，對有效能的教育非常重要。其次，教育不單包括個人發展，也包括小組過程及發展。課室氣氛（Classroom Climate）及學校文化可以影響個人的教育表現（Cheng, 1989, 1991c, 1993h, 1994a; Fraser, 1992; Fraser & Walberg, 1991）。反過來說，氣氛及文化也可是學校過程的集體成果（Collective Outcome）。所以，學校效能／效果／效應不單發生在個人層面，也發生在小組及學校層面。

　　學校過程在學校角色的行為、認知及情意等不同範疇，發生效應。若學校過程是所有有關人士的學習過程，則效應不單發生在學生這三個範疇裏，也在教師、行政人員及校長的三個範疇內；而且不局限個人層面，也發生在小組或學校層面。

協調過程

　　根據系統協調（System Congruence）概念（Nadler & Tushman, 1983），教育效能及學校過程會受過程協調程度影響。再根據 Cheng（1987c, 1996b），可提出協調原理（Principle of Congruence），預測內在學校效能與學校過程的關係：學校過程協調愈大，內在學校效能愈高。

圖 6.1 之學校過程矩陣所建議的過程協調有三類：即範疇間協調（Congruence across Domains）、角色間協調（Congruence across Actors）及層面間協調（Congruence across Levels）。範疇間協調，表示學校過程產生或接受的效果，在每層面每角色的行為、情意及認知範疇裏，彼此統一。例如，要盡量發揮教育或學校過程效能，學生或教師所做的，應與他們所想所感的一致。Argyris 與 Schön（1974）的說法就是，一個專業人士「在實踐的理論」（Theory in Practice）應該與他／她「所擁護的理論」（Espoused Theory）一致，才能獲得專業效能。

角色協調，表示校長、行政人員、教師及學生的表現，在一層面的範疇上得以彼此一致。例如，校長對教師的領導風格（例如民主或專制）及教師對學生的領導（例如民主或專制），應該與預期的學生產出／成果（例如民主態度及價值）彼此一致，始能發揮公民教育的最大效能。學校行政人員以剝削專制的（Exploitative-Authoritative）管理方式，迫使教師採用民主教學方式（Democratic Teaching Style）是無效的。同樣，教師不能期望採用專制方式，教會學生民主價值（Cheng, 1987b, 1987c）。

層面間協調，表示每角色在每效應範疇上，在個人層面、小組層面及全校層面的活動特徵彼此一致。例如，訓導政策實施，學校的各個教師、小組教師或全體教師均須取得一致性，始能盡量發揮這政策的效能。又例如，若教師在個人、小組及學校層面均持有一套統一的教育信念價值，將形成一種學校文化，帶引教

學，努力邁向共同方向，並減低教師間在運作及認知上的矛盾。

層塊管理概念

　　傳統上，學校教育往往被認為只發生在學校過程矩陣其中幾個單位（Cells），只與個人層面的教師、學生有關，只涉及一兩個效能範疇（例如行為或學業成績）。這樣一來，由於假設個別教師的行為表現，主要影響學生外在學習行為，因而其他方面教育的可能性就被忽略了。在這樣的傳統下，管理在教育上並非重要概念，而教育的管理往往只限於一些個別的單位，結果，建議用於教育之管理方法或教學策略，通常都是片段及過簡的。這種基於個別小單位的管理概念，忽略了層面間、角色間及範疇間的有機關係，對藉管理以提高教育及學校運作效能，造成很大限制。所以，若缺乏一個整全矩陣（Full Matrix）的學校過程理念，將使構思管理教育的有效策略，困難重重。

　　根據過程矩陣，得出一個管理學校過程的廣義概念──層塊管理（Layer Management）。過程矩陣可分為角色層塊（Actor Layer），如圖 6.2 所示之行政人員層塊（Administrator Layer）、教師層塊（Teacher Layer）及學生層塊（Student Layer）；也可分為層面層塊（Level Layer），如圖 6.3 所示之個別層塊（Individual Layer）、小組層塊（Group Layer）及學校層塊（School Layer）。學校過程之管理單位以矩陣之層塊為基礎，而非其中的小格，所以可提供較全面的單位，思考學校過程之有機及動態本質，對校

本管理機制也有貢獻。

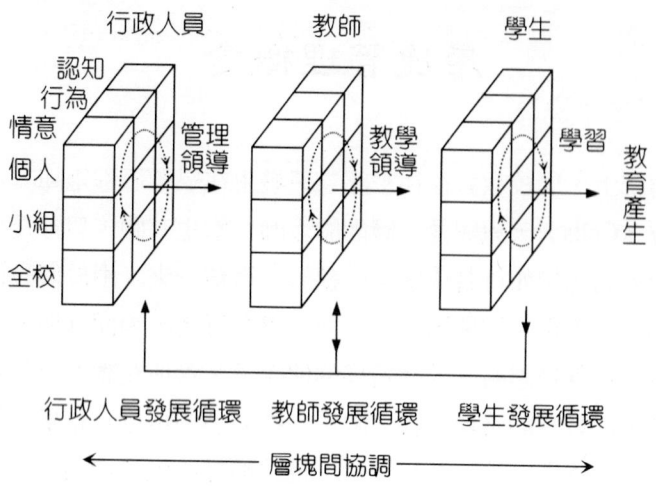

圖 6.2　角色層塊管理

角色層塊管理

如圖 6.2 所示，行政人員層塊透過管理影響教師層塊，後者則透過教學影響學生層塊。學生層塊透過學習，決定個人、小組及學校三層面的情意、行為及認知的教育結果。一般來說，教育效能評估根據學生層塊的表現作出。即使我們假設管理過程為先，教學過程為次，學習過程為後，學生層塊的表現仍是可以反過來影響教師層塊及行政人員層塊，而教師層塊也可反過來影響行政人員層塊的。

根據協調原理，過程協調對教育效能及學校過程是重要的。學校過程裏有兩類過程協調：角色層塊間協調（Between Layer Congruence）及角色層塊內協調（Within Layer Congruence）。

角色層塊間協調

指三個角色層面間協調，即行政人員、教師及學生在不同層面上有一致的情意、行為及認知表現。例如，若要提高管理過程及教學過程的效能，行政人員層塊與教師層塊間對教育管理的理解或信念（即認知層面）應該一致。又例如，教師層塊的教學行為模式〔例如參與方式（Participative Approach）或學生中心方式（Student-Centered Approach）〕應該與學生層塊的預期行為結果（例如主動參與學習）一致，才能發揮教與學的最大效能。總之，角色的情意與認知表現的一致性，往往在學校文化中反映出來，而行為表現的一致性，則在學校運作、學習、教學及管理的技術應用反映出來。這點將在本章較後進一步討論。

角色層塊內協調

指在一個層塊上，各範疇的一致性（即情意、行為及認知範疇的一致性）及各層面的一致性（即個人、小組及學校層面的一致性）的整合。例如，學生層塊上，三層面及三範疇的教育活動取得一致，才能發揮最大教育效能。

根據這個協調原理，可以這樣預測：「角色層塊間協調及角色層塊內協調愈大，則內部學校效能愈大」。

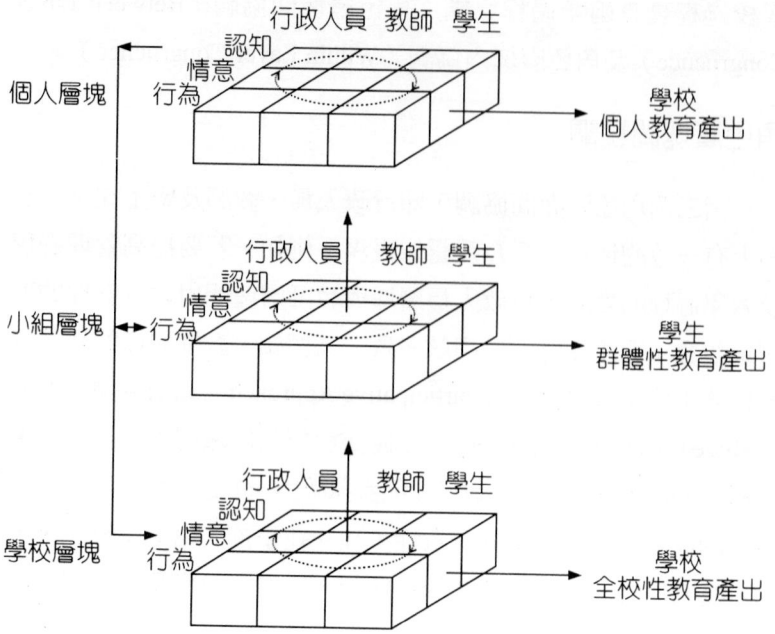

圖 6.3　層面層塊管理

層面層塊管理

如圖 6.3 所示，管理機制可基於個人層塊、小組層塊及學校層塊而設。每層面層塊包括角色（例如行政人員、教師及學生）及範疇（例如情意、行為及認知範疇）。這些層塊有三類不同的教育成果：學生的情意、行為及認知範疇的個人成果（Individual

Outcomes）、小組成果（Group Outcomes）及全校成果（School Outcomes）。雖然我們假定先有學校層面，然後是小組層面，最後才到個人層面，然而個人層面的表現，可反過來影響小組及學校層面。

與角色層塊相似，學校過程有兩種對內在學校效能重要的協調，分別是層面層塊間協調及層面層塊內協調。

層面層塊間協調

學校角色在個人層塊、小組層塊及學校層塊上的情意、行為及認知範疇有一致性，取得協調。例如，個人層面教師的行為表現或教育信念，與他們的小組及全校的表現應該統一。三層面的協調，會由學校文化及學校所用的科技反映出來。這點將於本章較後討論。

層面層塊內協調

指同一層塊上之範疇協調（即情意、行為及認知範疇的一致性）及角色協調（即校長、行政人員、教師及學生的一致性）。

根據協調原理，「**層面層塊間協調與層面層塊內協調愈大，學校內部效能愈高**」。

層塊內協調的確保

為提高學校效能，管理學校過程的主要策略，就是確保層塊間及層塊內協調。在角色層塊管理中，要確保每個角色層面內的

協調，可透過動態發展循環（Development Cycle），幫助角色在三層面三範疇中有統一的表現而達到（詳見第八章）。

在行政人員（層塊）方面，宜建立個人、小組及學校層面的行政人員長期發展方案，幫助他們對現存道德、公民、教育及管理上的做法、價值及信念作出反思，分辨出他們自己在日常管理安排及教育過程中情意、行為及認知範疇上的不一致性或矛盾，並不斷加以改進。Argyris 及 Schön（1974）強調從實踐反思他們已有的想法或理論，強烈支持這類行政人員的發展方案。

在教師的三層面上，建立長期發展的方案，也很重要；以產生的連續發展循環，讓教師反思，並確保他們在情意、行為及認知範疇上表現協調。目前，不同類型的教師發展文獻，支持這思路，認為對有效辦學及課程改革，非常重要（Cheng, 1994c; Lieberman, 1988; Maeroff, 1993）。有關員工發展管理及實踐，將於第八章再討論。

同樣，在學生層塊的教育活動設計，無論是否正式方案，都應該在個人、小組及學校層面建立連續發展循環，幫助學生學習、體驗及發展。

層面層塊管理，可透過在每層面建立連續發展循環，以確保層塊內協調。在個人層塊方面，設立個人社交互動及發展方案，幫助行政人員、教師及學生進行社交互動，彼此了解，給予機會，找出在信念價值及效應範疇上不一致的地方，作出反思，並追求改進及發展。在小組層塊方面，小組為本的方案有助小組行政人員、教師及學生間互動及發展。對學生來說，小組動力（Group Dynamic）往往以課室氣氛形式出現（Cheng, 1994a; Moos &

Trickett, 1974）。要塑造教師小組行為，則以社會規範（Social Norms）佔最重要角色，教師專業取向（Professionalism）將是小組層面發展中一個關鍵元素（Cheng, 1996c）。

在學校層塊上，訂立全學校政策及方案，鼓勵社交互動及發展，追求學校層面上的協調。近年強調的「全校方式」（Whole-School Approach）的學生輔導，正反映出學校層塊整體對教育的重要性。

層塊間協調的確保

領導作為推動力

領導對有效的學校教育、教員發展、學校改進及教育改革的重要性，已獲得不少研究的支持（Caldwell & Spinks, 1992; Cheng, 1994d; Hallinger & Murphy, 1987; Sergiovanni, 1984）。我們可以假設，在角色層塊管理中，行政人員層塊是確保層塊間協調的推動力。行政人員可根據校本管理理論（第四章）、多層面自我管理概念（第五章）及學校發展計畫或策略管理，建立管理機制（Hargreaves & Hopkins, 1991; Queensland Department of Education, 1992），藉以找出及減少層塊間及層塊內之不統一情況。由於行政層塊，對推動教師層塊到學生層塊，具關鍵作用，所以對確保其層塊內的協調，非常重要。

學校層塊為推動力

層面層塊管理中，個人層塊是由小組層塊推動的，而後者又為學校層塊所推動，都是透過使命、政策、計畫、組織結構及管理過程的發展，而推動下一層塊的。策略管理及發展規畫，對學校效能的重要性，是建基於這個假設，就是學校可以透過學校層面的適當管理，改進及發展成為有效能學校（Education and Man-power Branch & Education Department, 1991; Queensland Department of Education, 1992）。這思路提出，除行政人員層塊外，學校層塊應該是確保層塊間協調的推動力，並且間接影響小組及個人層塊的層塊間協調。若全校的政策及方案適當發展，可以促進小組及個人層面的協調，最終得以提高三層面的學校過程效能。學校層面上，最突出的協調指標（Indicator of Congruence），應該是反映學校成員共有的價值信念及規範的學校文化。一般相信，學校文化對不同層面的學校成員表現，影響至鉅（Cheng, 1993h）。所以，學校文化的發展是提高學校層面的學校效能，進而推動其他層面發展的關鍵（Beare et al., 1989; Cheng, 1989）。

學校科技矩陣

根據上文所論，追求內部學校效能（Internal School Effective-ness）時，特別強調過程協調。外顯的過程協調，就是學校角色間及層面間的行為協調；而行政人員、教師及學生達到學校目標

的行為表現，往往決定於他們採用的科技和做事方法。

　　學校過程可分為管理過程、教學過程及學習過程，所採用的
科技也可分為管理科技（Management Technology）、教學科技
（Teaching Technology）及學習科技（Learning Technology）。

　　我們若以策略管理過程（第五章）作為基礎，則管理科技應
包括環境分析、計畫結構、任用導引及監察評估所用的理論及技
術。課程編排、教學策略、教學方法、教學媒介、課程管理及教
育評估，都是教學科技（Farnham-Diggory, 1984）。有關學習單
元、學習活動組織（例如個人學習或小組學習）、學習方法、學
習媒介及設施的應用，統稱為學習科技。這三類科技可造成一個
學校科技矩陣，如圖 6.4 所示。

　　三類科技必須互相配合，始能收到良好教育效果。管理科技
須用以支援教與學的本質及過程。教學科技理應幫助教學活動的
進行，並根據所期望的教育內容，提供學生最大的學習機會。至
於學習科技則須切合所期望的教育經驗及目標，並能協助不同個
性及學習風格的學生進行學習。影響內部學校過程效能的科技協
調有兩種：

科技類型間協調（Between-Category Congruence）

　　指管理科技、教學科技及學習科技之間的協調，在運作上互
相支援及協助。

科技類型內協調（Within-Category Congruence）

　　同類科技成分間的協調，在運作上互相支援及協助。例如，

課室安排、教學策略、教學方法、教學媒介、課室管理及教育評估，是否互相配合支持，將影響教學科技的效能。

根據協調概念，「應用的科技，在類別間及類別內協調愈大，則內部學校效能愈高」。

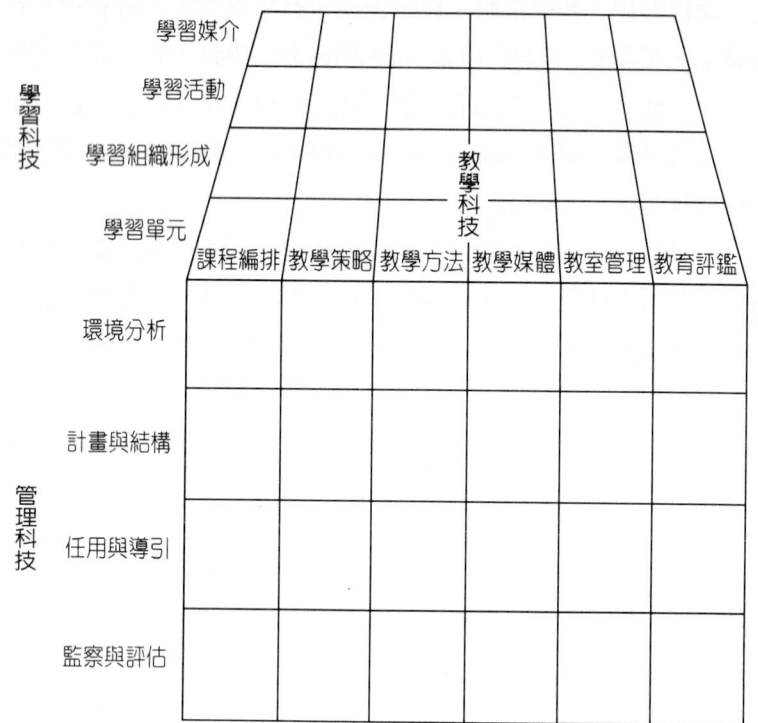

圖 6.4　學校組織科技矩陣

學校文化矩陣

根據協調原理，過程協調對內部學校效能非常重要。學校角色在個人、小組及學校層面的認知及情意協調，是過程協調中隱蔽部分，往往與學校文化有關。對不同的人，學校文化的定義不盡相同。不過，在很大程度上，共同的信念價值及對教育、管理及學校過程的假設，應該是學校文化的核心部分，因為它們塑造及決定了學校外顯過程及其成品（Artifacts）的特徵（Alvesson, 1987; Cheng, 1989, 1993h; Schein, 1992）。

當我們討論內部過程時，不出三個基本問題：學校要教什麼？如何去教？如何管理？這些問題與學校過程所持的不同價值信念有關。第一個問題與學校過程具體內容有關，尤其是要傳達的道德及公民價值信念。第二個問題與教育過程的價值信念有關；而第三個問題則與學校管理過程的價值信念有關。我們可以假設，教育不但由明確的教育價值信念所決定，也受現存的道德公民信念及管理信念所影響。這幾方面的價值信念形成一個三向矩陣（如圖 6.5 所示），相信有助我們理解內部隱藏的學校效能問題。

教育價值信念

不同的教育哲學（Educational Philosophy），對教育目標、課程、教學法、教師學生角色及教育結果的理想，均持有不同的信

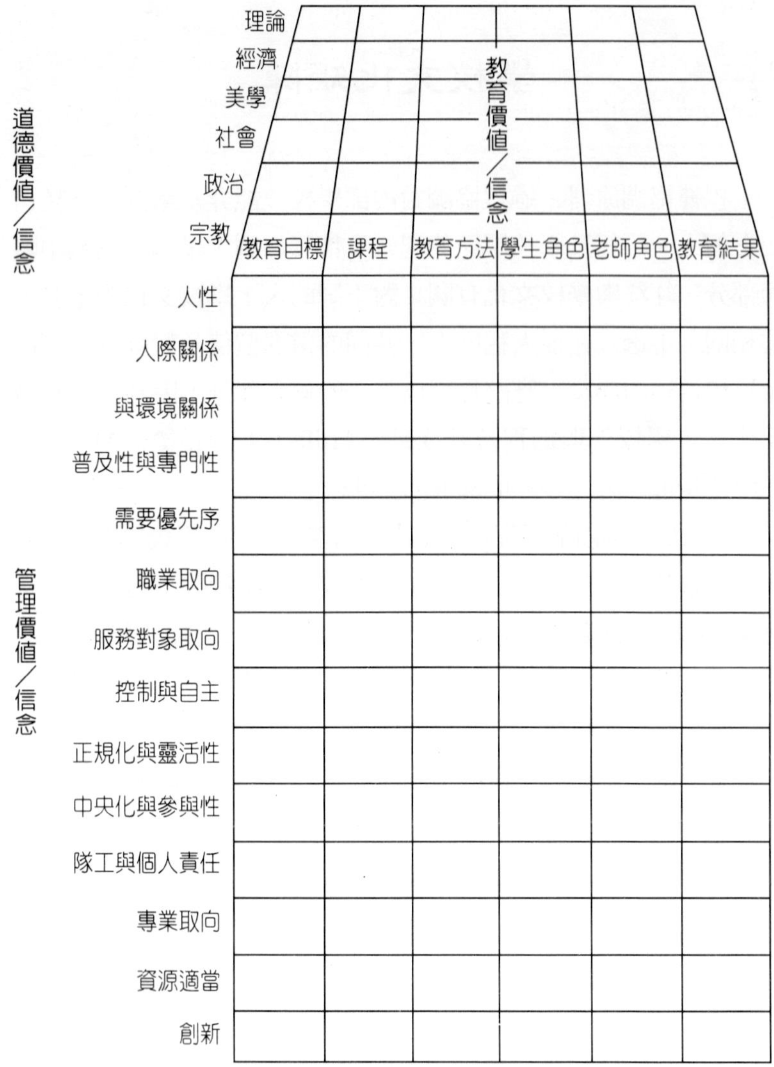

	教育目標	課程	教育方法	學生角色	老師角色	教育結果
理論						
經濟						
美學						
社會						
政治						
宗教						
人性						
人際關係						
與環境關係						
普及性與專門性						
需要優先序						
職業取向						
服務對象取向						
控制與自主						
正規化與靈活性						
中央化與參與性						
隊工與個人責任						
專業取向						
資源適當						
創新						

道德價值／信念

管理價值／信念

教育價值／信念

圖 6.5　學校的價值／信念矩陣

念及價值（Bottery,1993; Tanner & Tanner, 1980）。舉例來說，根據Bottery（1993）一文，教育哲學至少有四種，如文化傳遞守則（Cultural Transmission Code）、兒童為主守則（Child-Centred Code）、社會建構守則（Social Construction Code）及全民總生產守則（Gross National Product Code）。每一守則對教育目的、校內成員角色及評估，各有不同的價值信念。Tanner 與 Tanner（1980）認為教育哲學可分為永恆主義（Perenialism）、實用主義（Essentialism）、實驗主義（Experimentalism）、重構主義（Reconstructionism）、浪漫自然主義（Romantic Naturalism）及存在主義（Existentialism），對教育目的、課程、方法及學生理想（Ideals of Learners），各有不同的價值信念。一般來說，教育價值信念可直接影響教育過程中採用的教學科技及學習科技。

管理價值信念

　　跟教育信念一樣，不同的學校管理哲學，各有一套管理的價值信念。舉凡人性（Human Nature）、人際關係（Human Relationship）、與環境關係（Relationship to Environment）、普及性與專門性（Universalism vs Particularism）、需要優先序（Priority of Human Needs）、服務對象取向（Client-centred）、職業取向（Career-centred）、控制與自主（Control vs. Autonomy）、正規化與靈活性（Formalization vs. Flexibility）、中央化與參與性（Centralization vs. Participation）、隊工與個人責任（Teamwork vs. Individual Responsibility）、資源適當（Resource Adequacy）、

專業取向（Professional Orientation）及創新（Innovativeness），
都反映出不同的價值信念（Cheng, 1989）。目前，組織文化或氣
氛對有效能學校教育的影響，相當受重視，正好顯示管理的價值
信念，對內部學校過程效能的重要性（Cheng, 1993h; Sergiovanni,
1984）。

道德與公民價值信念

　　教育過程或管理過程，理應傳達一套明確的道德公民價值信
念。在道德教育方面，強調傳達給學生的是關懷、判斷及行事的
道德信念（Hersh, Miller, & Fielding, 1980）。公民教育的重要價
值，則往往是民主、社會責任、公平及自由。道德及公民價值信
念有不同的理念及分類（例如Allport, Vernon, & Lindzey, 1960; Bra-
ithwaite & Law, 1985; Harding & Phillips, 1986; Kluckholn &
Strodtbeck, 1961; Lorr, Suziedelis, & Tonesk, 1973; Rokeach, 1973）。
Allport 等人（1960）認為價值可分為理論、經濟、美學、社會、
政治及宗教的價值，而 Braithwaite 與 Law（1985）則認為價值可
分為「目標價值」（Goal Values）（包括國際和諧平等、國民秩
序與力量、傳統宗教、個人成長及內在和諧、身體健康、安全滿
足的人際關係、社會地位及社會刺激）及「模式價值」（Mode
Values）（包括對他人正面的認識及適應、能幹與效能、適當衣
著禮儀、宗教的承諾、決斷及向前看）。

　　圖 6.5 的矩陣顯示，主導內在學校過程的價值信念有三套，
它們本質可能統一，也可能不統一；有趣的是，三套組合起來，

可否使包括管理及教學方法的內在過程發揮最大效能呢？具體來說，在教育及管理上，哪些教育及管理的價值信念，最能傳達一套指定的道德及公民價值，還是未知之數，有待研究。

價值信念協調

學校裏道德、公民、教育及管理的價值信念，彼此可能統一，也可能不統一（Bottery, 1993; Cheng, 1987c）。圖 6.5 價值信念矩陣，顯示兩類價值信念協調，即價值信念類型間協調及價值信念類型內協調，分述如下：

價值信念類型間協調

指不同類型教育管理及道德／公民的價值信念間的協調。例如，管理價值信念與教育價值信念間的協調，屬於類型間協調，教育價值信念與道德及公民價值信念間之協調，亦屬這類。現存的教育及管理的價值信念，是否與希望傳達的一套價值信念一致，對道德及公民教育的效能，有決定性影響。若兩者不統一，則公民教育可能會變成無效能。舉例來說，以專制管理迫使教師，以民主方式領導學生，將會是無效的；同樣，以專制方式幫助學生建立民主價值，是無效的。Cheng（1987b, 1987c）文中，有例子說明管理哲學、領導、學校氣氛、課室氣氛、教師－學生關係、教育策略及教師學生角色的統一和諧，對公民教育效能的重要性。這些例子證明協調理論是有效的。

價值信念類型內協調

　　這類協調，是指同類價值信念間的協調。各教育價值信念間的協調（關於目標、課程、方法、教師學生角色及教育結果理想）屬於類型內協調，能以統一的模式，塑造教育過程及影響其效能。協調愈大則教育過程愈有效能。各管理價值信念的協調，可塑造管理過程的一致外顯特徵，而管理過程是會影響教育過程，再影響教育結果的。協調愈大，管理過程愈有利於教與學。一套道德及公民價值信念互相協調，表示這些在教育過程中傳達的價值信念，會有較大的可能性被接受。因此，我們也可假設，互相協調的價值信念較之不協調的，更易傳達。

　　根據協調原理，確保學校角色的認知及情意的協調，或確保教育、管理、道德及公民的類型間及類型內價值信念的協調，對提高學校內部效能非常重要。這三方面的價值信念協調，在很大程度上直接影響學校文化的強度。協調愈大，學校文化愈強。根據組織文化的文獻所載，強學校文化與高學校表現有關（例如Cheng, 1993h; Sergiovanni, 1984）。

校本管理機制

　　根據第三、四、五、六章提出的主要概念及理論，可以發展出一個校本管理機制，持續追求學校發展及效能。校本管理機制應具備以下特徵：

校本管理原理：支持校本機制的校本管理理論，包括殊途同歸原理、下放原理、自我管理系統及人積極性原理，第四章有說明。

學校運作特性：機制的學校運作特性，包括學校使命、活動性質、管理策略、資源運用、不同人士角色、人際關係、行政人員素質及評估指標等，如表 4.4 所示。

策略管理：這機制以學校層面的策略管理系統為基礎，包括環境分析、系統性的計畫結構、合適的任用導引、建設性的監察及評估、領導及參與等成分，見圖 5.1 的構思。

多層面自我管理：這機制有助學校實行多層面自我管理，而這些層面的自我管理特徵彼此統一，支持個人、小組及全校之持續學習、改進及發展。第五章有論述。

追求動態效能：這機制有助學校適應內外環境，發揮不同類的最大學校效能，就是第三章構思的動態過程及八個不同模式。

層塊管理：這機制的管理單元應該是學校過程矩陣的層塊，並非個別的小單位。角色層塊管理（圖 6.2）及層面層塊管理（圖 6.3）的概念，構成校本管理較全面的單元，以管理學校過程的有機及動態本質。

協調原理：協調原理是這機制運作的基礎。確保各類學校效能間協調、學校效能模式間協調（第三章）及學校過程協調（第六章）（包括科技、價值及信念協調），對內部學校效能至為重要。

驅動力：行政人員層塊及學校層面層塊應發展成為驅動力，以確保學校過程中層塊間的協調，而每層塊也應建立發展循環，

以確保層塊內協調。第六章有說明。

　　校本管理機制，整合了學校效能及校本管理近期發展及研究的重要元素，提供新的及全面的觀點，以理解學校效能，管理追求學校發展、學校效能及教育素質的內部學校過程。接著幾章將詳論與這些意念有關的實踐，特別要討論的，是校本管理機制的領導、教職員發展管理、校本課程改革管理及組織變革管理。

第七章

校本管理的領導

第一至六章介紹了學校效能、校本管理、多層面自我管理、層塊管理及協調原理，也發展了一個校本管理機制。由於所提出的管理理念及機制，與傳統概念十分不同，有必要重新構思學校領導（Leadership）的理念。本章根據領導理論的新發展，就層塊領導及策略領導，提出學校領導的新理念，相信對領導校本管理機制的實踐及研究，會有貢獻。

領導的傳統概念

領導角色對學校效能及學校改進至為重要（Bass & Avolio, 1994; Cheng, 1994d; Louis & Miles, 1990; Schein, 1992）。不過，對於不同的研究者或學者，領導這概念可以十分不同（Yukl, 1994）。以下是一些典型例子：領導是影響一個組織制定及達到目標的活動過程（Stogdill, 1950）；領導是啟動及完成一個組織目標或改變組織目標的過程（Lipham, 1964）；領導是領導者及其從屬（Followers）為某些價值及動機，追求目標而行動的過程（Burns, 1978）；領導是一個啟動人群行動的力量，沿已知方向，指引活動，維持這些活動，團結力量，達至共同目標（Kenzevich, 1975）。由上述例子，可見領導並無唯一合適及唯一正確的定義（Bass, 1990）。

有關領導的定義，雖然各說各話，總不離開這兩個特徵：領導與影響他人行為的過程有關；領導也與目標的發展及完成有關。影響從屬或其他人，使他們工作的方法有很多。而領導、管理或

控制的方法各有不同的觀點根據。舉例來說，根據經典的管理理論，領導可以藉政策、規則、條例、獎賞、懲罰及職分等正規結構，以管理及推動從屬的行為。根據人際關係運動（Human Relations Movement）的傳統，領導須滿足從屬的社會需要（Social Needs），以激發他們的工作動機（Work Motivation）。影響從屬的方法及過程是領導的關鍵元素之一，另一個元素就是目標的發展及完成。所以，如何訂定目標、創造意義、導引行動、消除不確定或含糊的情況，及完成目標，也是領導的核心部分。

傳統理論（Traditional Theories）的研究如俄亥俄州立大學研究（Ohio State University studies）（例如 Halpin, 1966）、管理格子模式（The Managerial Grid Model）（Blake & Mouton, 1985）及權變理論（The Contingency Theories）（例如 Fielder, 1967, 1971; Hersey & Blanchard, 1972; House, 1971），往往假設情況是穩定的，領導者與屬員以面對面的小組形式存在，並以頗短的時間完成指定的工作時，就需要領導（Hampton, Summer, & Webber, 1987）。無可避免，這些傳統理論一定有限制性，以下就交易領導（Transactional Leadership）的限制性及權變理論（Contingency Theories）的限制性兩方面分述：

交易領導的限制性

無論明顯或隱晦地，這理論都強調交易（Transaction）的過程，領導者以實質回報，取得從屬在工作上有滿意的努力及表現。例如，研究領導效能的路徑－目標模式（Path-goal Model）（House, 1971），就是明確地以動機及代價－收益（Cost-Benefit）的

期望理論（Expectancy Theory）為基礎的。交易領導形式往往受到鼓勵，認為有效。交易領導者著重調查屬下的需要，表明須以工作表現作為交換，使他們的需要得以滿足，並根據他們可能作出的努力，為他們訂立工作目標（Bass, 1985）。按照 Zaleznik（1977）的分類，交易領導者是經理（Manager），不是領導者（Leader）。Bass（1985）指出：

　　……過往半世紀所見，獎勵漸多於責罰。權變強化（Contingent Reinforcement）已經成為後果基礎的概念。從屬履行與領導協議好的職責，可望回報。一般以透過民主過程達成這種協議。不過，即使環境再好，這個從屬領導間的執行協議，所能做到的權變強化，也有其限制性……（p. xiii）

　　傳統領導理論，集中在領導的技術及人際技巧。這理念假設，領導者的行為須適應情境，不用詢問組織的目標，不要期望從屬的表現會超出一般限度，也不要改變情境、從屬的信念、價值、態度、動機及信心。看來，在交易領導下，組織無望問津優異的表現（Bass,1985）。

權變理論的限制性

　　權變理論假設領導風格與組織成就的關係，受情境因素所限制。所以，除非已知情境的變數，否則不能從領導風格預測組織成就。它們認為領導者須以本身行為適應情境，不用改變情境。

舉例來說，領導風格須切合從屬的特性，如他們的需要、激發水平（Arousal Level）及現時的能力等。對可以改變情境的領導者來說，他們就不會同意這些理論（Bass, 1985; Bennis, 1984）。從研究觀點來看，Hackman（1985）給權變理論的限制性，做了一個精闢的評論。他指出，權變模式有時是研究者在無計可施下，採用的權宜模式，因為研究及樣本的結果變化，只有從個別差異及情境特性（Attributes）才可以成功解釋。他認為可從兩個問題評估應變模式的用處：(1)這模式的有關預測結果，是否比不理個別情況，而簡單說明同樣現象的「主效應」模式（Main Effect Model）更有力？(2)這模式架構，是否對實踐者的工作有用？他發現這類研究的整體方向「是製造愈多微細分野，及對一般命題（Propositions）加上更多條件及規限」，而導致「解釋力量的增長慢於模式複雜性的增加」（p.141）。再者，以複雜的權變理論作為行動指引，也是相當困難的。Hackman 根據多元可能性理論（Multiple Possibility Theory）及殊途同歸理念（Notion of Equifinality），對情境起因與行為後果／效應（Effects）直接或偶然密切相關不以為然，並質疑傳統的「刺激－反應模式」（Stimulus-Response Model）（p.142）。

領導的另類觀點

　　傳統理論的缺點，在疏忽領導者的變革功能（Transformational Function）。領導的另類觀點（Alternative Perspective）因而

冒升（Bass, 1985; Bennis, 1984; Tichy & Ulrich, 1984; Zaleznik, 1977）。這觀點認為，領導者不但以行為適應情境，也可改變情境。領導者不僅僅是一名經理（Manager）（Zaleznik, 1977）。領導者要主動訂定未來的組織目標，塑造人們的信念、價值及態度，並發展未來的選擇，而經理則只對組織目標作出反應，以執行方法引起從屬的動機。五十年代，Selznick（1957）認為領導的主要功能是，超越現有技術要求，為組織滲入價值取向，即是滿足人們追求意義的需求，並創造機構的目的（Institutional Purpose）。他指出：

> ……發展目的是對創造力的挑戰，因為，這涉及人們及小組從中性、技術性單位，改變成為有特質、有知覺及有承擔的參與者。最終這是個教育過程。有人說有效能的領導者，須懂得意義，並有教育家的技巧……。身為教育家的領導人，須有演繹企業的角色及性格的能力，認識思想行為模式，加以發展，並找出可以灌輸全面而非片面觀點的溝通模式。（pp.149-150）

這段文字，凸顯了領導者塑造組織文化，定義組織使命的重要性（Schein, 1992; Sergiovanni, 1984）。所以，本質上，領導者是轉變領導者（Transformational Leader）或文化領導者（Cultural Leader）。正如我們先前所指出的，無論採用何種觀點，領導應具備兩個元素：其一，是影響從屬及其他人的過程，其二，就是目標的發展及完成。以下我們根據這兩元素把領導的傳統理論與

轉變領導的新意念，加以比較及評估。

傳統理論，假設組織的目標及工作是靜止的、有清楚定義、眾所周知、又是指定要完成的。所以，領導者的主要功能，集中在影響其從屬，以完成指定工作。傳統如此，領導者使從屬及其他人產生動機的方法，無可避免是基於成本－利益交換理論（Cost-Benefit Exchange Theory）——即交易模式（Transactional Model）。在領導過程中，討價還價及商議是不能避免的。

相反的是，新觀點則以動態方式看這兩個元素，認為組織目標及工作通常是模糊、因情境而異，並非明確界定的。即使有些組織可能有一些正式目標，也並非所有從屬或人士都能明白及接受它們的意義。所以，領導者須澄清這些模糊及不穩定因素，以助成員發展使命及目標。目標的發展及澄清的過程有助推動及影響成員。同時，在影響從屬的過程，要塑造組織文化，轉變他們的需求、信念及價值，鼓勵承諾，並為他們提供經歷工作意義的機會。領導過程的重要元素是建立目的、教育及改變。根據 Bass（1985），轉變領導者（Transformational Leader）能以下列任何一法，推動人們表現，並超出原本的期望：

- 提高人們對指定成果（Designated Outcome）的重要性、價值及達至的方法的感悟（Awareness）及意識（Consciousness）水平；

- 使人們為團隊、組織或大政策而超越個人的利益；

- 改變人們在人生需要層序（Need Hierarchy）的層面（Maslow, 1943），或擴大他們人生需要的內涵，從低水平〔例如生理及安全的需要（Physiological or Safety Needs）〕提

升到高水平〔例如尊嚴（Esteem）或實現自我的需要
（Self-Actualization）〕。

　　根據這觀點，領導不單是影響從屬或成員行為的過程，也影
響他們的態度、價值及信念；不單影響個別成員，也影響整個組
織；不單達到目標，也要發展目標及建立組織文化。

領導的多向度

　　傳統理論通常強調領導的二元性（Duality），管人及管事
（Blake & Mouton, 1985; Halpin, 1966; Stogdill, 1974），以此理解
上述領導過程的複雜性，未免失之過簡。由於忽略組織過程或學
校生活的文化及政治因素，所以不足以形成全面的強勢領導，帶
引校本管理機制，追求動態學校效能及長遠發展。

五向度模式

　　根據領導的另類觀點，文化及轉變方面的領導是重要的。根
據理解組織的四個架構，Bolman 與 Deal（1991a, 1991b）認為組
織中可有四個領導取向：結構領導（Structural Leadership）、人力
資源領導（Human Resource Leadership）、政治領導（Political
Leadership）及象徵領導（Symbolic Leadership）。在教育組織方
面，Sergiovanni（1984）提出五領導動力模式，解釋校長領導如
何與卓越學校表現相關。這模式的校長領導有五個方面：技術領

導（Technical Leadership）、人際領導（Human Leadership）、教育領導（Educational Leadership）、象徵領導（Symbolic Leadership）及文化領導（Cultural Leadership）。看來，學校領導應該是多向度領導（Multi-dimensional Leadership）。綜合上述二家之說，我們可以假設，學校領導由五個向度組成，即是結構領導、人際領導、政治領導、象徵領導及教育領導。前四個向度可根據 Bolman 與 Deal（1991b）的架構界定，而最後一向度則根據 Sergiovanni（1984）的概念定義。我們可以從這個整合模式的五個向度，描述及理解學校領導，因為這五向度在不同組織理論已有根基，並兼有教育組織的特定本質。以下具體描述學校領導的五個向度：

人際領導：學校領導者支持成員、助長合作，提高他們的責任感及滿足感，並鼓勵正面的人際關係。

結構領導：學校領導者經深思熟慮，發展出明確的目標及政策，使成員為後果負責，並提供合適的技術支持，以計畫、協調及實施學校的政策和工作。

政治領導：學校領導者能說服有關人士互相團結及支持，並能有效地解決他們之間的衝突。

文化領導：學校領導者富激發（Inspiration）、具魅力（Charisma），並能建立影響個人或小組的使命、價值及規範的學校文化。

教育領導：學校領導者鼓勵專業發展及教學改進，診斷教育問題，對於學校教育事宜，給與專業意見及指引。

多向度領導與學校表現

　　作者曾根據多向度理念研究校長領導與學校表現的關係，涉及學生層面、教師層面及組織層面，涉及研究樣本有一九〇所小學、一九〇位校長、七六八班學生（以小六為主）、二一六二二名學生及三八七二名教師（Cheng, 1994d）。Pearson 相關分析結果簡列於表 7.1，包括組織表現、教師表現及學生表現與不同向度領導的關係。

組織表現

　　表 7.1 所示，校長領導的結構、人際、政治、文化及教育向度與學校組織效能、校長教師關係、組織文化強度、權力層構（負面）及教師參與決策強烈相關，主要在 0.001 的顯著相關水平。校長文化領導的向度愈強，學校組織愈有效能，校長教師關係愈滿意，學校使命及價值的分享愈多，學校權力層構（Hierarchy of Authority）愈少，教師參與決策愈多。

　　上述研究結果支持結構、人際、政治、象徵及教育各方面的強勢領導，對組織運作及表現的重要性（Bolman & Deal, 1991a, 1991b）。在學校組織效能方面，校長的結構倡導與組織的運作有正面相關，而文化領導則有利學校發展改進。研究結果與 Cheng（1991b）相符。學校組織文化方面，研究結果強化現行的理論，認為校長領導角色在發展、塑造及改變成員對學校的共同假設及價值信念，作用甚大（Bass, 1985; Bennis, 1984; Conger et al., 1988;

Schein, 1992; Sergiovanni, 1984）。又正如 Chan、Cheng 與 Hau（1991）的研究得出，教師是否滿意與校長的社會及工作關係、校長管理風格舉足輕重。就組織結構而言，強領導看來更易接受權力下放，更鼓勵教師參與決策。這樣也就支持了強領導並非建立高權力層構或高度中央集權制度的看法。研究結果也進一步提出強領導並非等於學校的程序、教學及溝通要有更大的正規化（Formalization）。

教師表現

如表 7.1 所示，領導的五向度與教師小組層面的四方面表現強烈相關，例如教師士氣（Esprit）、離心（Disengagement）（反面）、阻撓（Hindrance）（反面）及專業取向（Professionalism）均達至 0.001 的顯著水平。這結果顯示：領導的人際、結構、政治、象徵及教育的向度愈強、教師工作士氣愈高，教師愈專業化，而教師的離心及不必要的負荷過重感愈少。教職員間的社會關係〔熟稔（Intimacy）〕與校長領導所有向度則無關。

個人層面，校長領導與教師表現的五個向度均有正面相關。例如內在滿足感（Intrinsic Satisfaction）、外在滿足感（Extrinsic Satisfaction）、影響滿足感（Influence Satisfaction）、工作承擔（Job Commitment）、公平工作量（Fair Role Loading）及工作意義感（Feeling of Job Meaning），換言之，教師對工作較有承擔，比較覺得工作有意義，工作負擔較公平。當校長領導的人際、結構、政治、象徵及教育各方面愈強，則教師對工作內在及外在回報、決策的自主及參與機會，有較強的滿足感。不過，教師在工

作上社交關係的個人滿足感，則與校長領導的任何一向度無關。
這結果與小組層面顯示的，領導與教師間熟絡程度幾乎不相關的
結果，是一致的。這兩項發現的一致性可能說明，校長領導較易
影響校長教師社交關係，對教師間社交關係則不容易產生影響。

學生表現

　　表 7.1 所示，校長領導與學生表現，其中幾項量度中度相關。
校長領導的所有向度，與學生對學校態度呈 0.01 的顯著相關水
平。校長領導的人際、結構、政治、象徵及教育方面愈強，學生
對學校愈有投入感，對學校安排及活動愈滿意，也能享受學校生
活。人際、結構及政治領導，與學生對教師的正面態度相關，而
政治及象徵領導則與學生對學習的正面態度相關。

　　根據本研究所得，多向度模式應該適用於校本管理領導的實
踐及研究。

表 7.1　多向度領導與學校表現

	人際領導	結構領導	政治領導	文化領導	教育領導
<組織表現>					
組織效能	.2175*	.3297*	.2398**	.3172**	.3044**
組織文化	.4166**	.4513**	.4173**	.4656**	.4517**
校長教師關係	.6725**	.6410**	.6405**	.6019**	.6198**
正規化	-.0024	.0434	.0603	.0745	.1246
權力層構	-.3682**	-.2766**	-.3156**	-.2691**	-.2556**
參與	.3548**	.2992**	.3366**	.3051**	.3287**

（下頁續）

（續上頁）

<教師小組層面表現>					
熟稔	.0808	.0407	.0997	.1129	.1375
士氣	.4460**	.4712**	.4487**	.4913**	.5101**
離心	-.2632**	-.3337**	-.2859**	-.3207**	-.2754**
阻難	-.3149**	-.3000**	-.3036**	-.2528**	-.1670
專業心	.3557**	.3853**	.3720**	.3824**	.3192**
<教師個人層面表現>					
外在滿足感	.3075**	.2502**	.3454**	.3148**	.2724**
內在滿足感	.2435**	.2406**	.2508**	.2417**	.2857**
影響滿足感	.4229**	.3744**	.4013**	.3782**	.3846**
社交滿足感	.1377	.1046	.1554	.1652	.1808
工作承擔	.3407**	.3167**	.3639**	.3555**	.3587**
工作量公平感	.3483**	.2981**	.2945**	.2670**	.2307**
工作意義感	.2036*	.1610	.2025*	.2343*	.2022*
<學生表現>					
自我觀	.0676	.0493	.0414	.0570	.0461
對同儕態度	.0692	.0840	.0965	.1232	.0791
對學校態度	.2495**	.2863**	.2130*	.2500**	.2243*
對老師態度	.1824*	.2207*	.1837*	.1696	.1309
對學習態度	.1522	.1641	.1818*	.1866*	.1323
功課過重感	-.0869	-.0871	-.0597	-.0303	-.0504
退學意欲	-.1103	-.1332	-.1307	-.1714	-.1475

註：樣本數：164 所學校； $* p < .01$, $** p < .001$

（改自 Y. C. Cheng, 1994d）.

層塊領導

根據領導的另類觀點及層塊管理特性，我們可以重新構思領導的概念，以帶引校本管理機制及長遠的學校發展。根據層塊管理概念（第六章），學校領導可基於行政人員層塊而分為三層面（例如個人層面、小組層面及學校層面）及三範疇（例如情意範疇、行為範疇及認知範疇），如圖 7.1 所示。這便是「層塊領導」（Layer Leadership），而領導的影響則是從領導者層塊（Leader Layer）到學校有關人士矩陣（Constituencies Matrix）。

領導者層塊

在層塊理念裏，領導者不一定限於個人，可以是學校的校長／個別行政人員（教師），一組行政人員（或教師）或所有行政人員（或教師）。若學校實施參與管理（Participative Management）或協作管理（Collaborative Management），則大多數教師會是某些管理活動的行政人員或領導者，而同時又是另一些管理活動的成員。這種做法愈趨普及，尤其是當學校強調專業化及參與時。正如 Barth（1988）所提議，學校應是領袖的社群（A Community of Leaders）。不過，傳統觀念認為，領導祇限由校長或個別行政人員擔當。

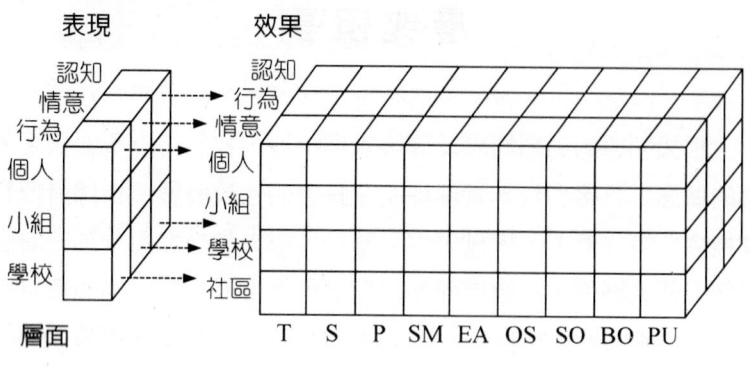

圖 7.1 層塊領導

　　根據層塊理念，領導者透過情意、行為及認知表現，實行他們的領導。情意表現，通常指個人層面的個人投入感、吸引力及魅力，在小組及學校層面方面就是團隊精神（Team Esprit）、社會態度規範（Social Attitudinal Norms）及社交熟稔（Social Intimacy）。行為表現，指三層面的一般領導行為（例如體諒、倡導等）或管理技巧實踐（例如計畫、監督等）。認知表現，所指的

是理解、建議、意義發展、澄清不確定及含糊性、建立教育及管理之價值信念。情意及認知的表現，以普及的術語表達，有人際、文化、象徵或魅力領導（Human, Cultural, Symbolic, or Charismatic Leadership）（例如 Bolman & Deal, 1991b; Conger, Kanungo, & Associate, 1988; Sergiovanni, 1984, 1990, 1992）。行為表現，多被稱為技術或結構領導（Technical or Structural Leadership）（例如 Bolman & Deal, 1991b; Sergiovanni, 1984）或一些外顯行為的領導風格（例如，Ohio State University Studies, Halpin, 1966 的 Leader Behavior Description Questionnaire, LBDQ）。很大程度上，行為表現與傳統領導觀念一致，而情意及認知表現，則與轉變領導及文化領導相配合。

學校有關人士矩陣

如圖 7.1 所示，層塊領導會影響的學校有關人士，校內有教職員及學生，校外有家長、校董會成員、教育署官員、社會服務組織人員、工商組織人士及公眾人士等等。傳統上，學校領導的討論往往限於學校內，而忽略一些不明顯的外在策略／重要人士（external strategic constituencies）對學校的重要性。如第二章的資源—輸入模式、滿意模式、認受模式及全素質管理模式所指出，外在重要人士的資源支持、對學校功能或目標的期望、對學校的認受性及問責性，都對學校效能非常重要。所以，學校領導者，若要影響環境，追求學校長遠發展及效能，就要取得外在人士的支持，他們不單要領導校內人士，也要領導校外人士。這個領導

方向，已在一些有關環境領導或策略領導的近期文獻，反映出來（Caldwell & Spinks, 1992; Goldring & Rallis, 1993）。

內在及外在人士層面包括個人層面、小組層面、機構層面及社區層面。社區領導並非新概念，眾所周知，不少名校為所屬社區帶來領導的形象及角色。不過，傳統概念往往忽略了社區這個層面。

層塊概念裏，學校人士受影響範疇除了行為方面，還有情意方面及認知方面。換句話說，層塊領導不但影響他們所行，也影響他們所想所感的、所重視所追求的。按 Sergiovanni（1984）或 Bolman 與 Deal（1991b）的分類，領導對學校人士的影響包括技術／結構方面、人際方面、政治方面、文化方面及教育方面。傳統理念裏，領導主要集中技術／結構方面或行為方面。

在層塊理念裏，領導過程，是一個整體領導者層塊（包括不同領導者在個人、小組及學校層面的情意、行為及認知表現），對整個學校人士矩陣的影響過程，包括這些人士多層面的情意、行為及認知範疇，如圖 7.1 所示。至於傳統概念，領導過程只是領導層塊其中一、兩個單位（Cells），對學校人士矩陣中一些單位的影響過程。校長運用自己的領導行為，例如倡導結構（Initiating Structure），影響教師的教學行為就是一個典型例子。

以上所論，得出傳統領導概念與層塊領導概念的差異，列於表 7.2。層塊理念提供較全面方法，以理解領導過程及領導影響的複雜性質，有助領導的有效實踐，尤其是對校本管理或多層面自我管理。

表 7.2 傳統領導理念與層塊領導理念

	傳統領導理念	層塊領導理念
領導者層面	• 個人領導	• 個人領導 • 小組領導 • 整校領導
領導者類別	• 校長或少數行政人員	• 校長 • 行政人員 • 教師
領導者表現	• 行為表現為主	• 情意表現 • 行為表現 • 認知表現
人士層面	• 個人層面或小組層面	• 個人層面 • 小組層面 • 學校層面 • 社區層面
人士類別	• 校內人士（如教師、學生等）	• 校內人士 • 校外人士（如家長、教育署官員、校董會成員、社會服務人士、工商組織、公眾人士）
領導效果範疇	• 行為方面為主	• 情意方面 • 行為方面 • 認知方面

（下頁續）

（續上頁）

領導性質	• 基於個別單位（cell） • 由個人層面、行為表現及行為效果範疇組成 • 主要與管理技術／結構方面有關	• 基於整個層面 • 由多層面、多元表現及多元效果範疇組成 • 與管理技術／結構、人際、文化、政治及教育方面有關
領導過程	• 領導是從領導層塊一個單位到人士矩陣一些單位的影響過程	• 領導是從整個領導層塊到整個人士矩陣的影響過程

策略領導

在第五章，我們強調策略管理是校本管理機制的關鍵成分。這裏，我們將解釋多向度領導如何影響策略管理過程。我們先探討策略領導（Strategic Leadership）的理念，然後分述文化領導、政治領導、人際領導、技術領導及教育領導的貢獻。

策略管理理念

現時，有關策略領導的討論仍然不足，而研究策略管理的範疇，還是比較模糊不清的（Hambrick, 1989）。一般來說，當策略管理出現，最高管理層面的領導，便可視為策略領導。依循第五章所論學校層面的自我管理理念，學校策略管理過程包括的階段

有環境分析、規畫結構、任用導引、實施、監察及評估。這過程可適當地維持學校整體與環境配合，改進學校表現，達成學校目標及不斷發展。於是，策略領導可視為策略管理過程的推動、發展及維持的領導。

　　如前所論，學校領導的五向度對有效的管理過程，是最重要的。所以，把人際領導、結構領導、政治領導、文化領導及教育領導應用到策略管理過程，可構成一個策略領導的矩陣理念圖，如圖 7.2 所示。

　　矩陣的每一縱行，代表領導其中一個向度對策略管理過程每個主要階段的貢獻。整個矩陣，代表領導五向度對整個策略管理過程的貢獻。這個理念，反映出領導的每個向度對學校管理過程，均有其獨一及重要的貢獻。與這全面的矩陣比較，傳統的二元性領導（Duality of Leadership）（例如照顧人也照顧事）則似乎流於簡單了。從領導觀點及層塊領導概念來看，五向度領導模式對幫助策略管理或校本管理，是更全面更有力的。接著幾部分將解釋五向度對策略管理的貢獻。

	人際領導	結構領導	政治領導	文化領導	教育領導
環境分析					
策畫結構					
任用導引					
監察評估					

圖 7.2　學校策略領導理念

人際領導的貢獻

　　據人力資源（Human Resources）觀點所見（Bolman & Deal, 1991a），有效能學校的特色就是有高動機的個人，他們對學校目標有承擔，由此而獲得滿足感。這些個體聯合起來成為高效能工作小組。工作小組特色是對共同目標的承擔、對小組忠誠及彼此支持（Sergiovanni, 1984）。人們的主要動機來自社交需要（Social Needs），又從與他人關係中，獲得基本滿足，所以必須在工作的社交關係上給與意義（Mayo, 1945）。人際領導因此強調提高教師的投入感、個人成長及人與人之間的關係。對於能增加個人技巧及有助成員適應工作及升職的指導、訓練、輔導，人際領導是支持的（Yukl, 1994）。以下分述人際領導的貢獻：

環境分析方面

- 創造或培養開放氣氛，讓成員反映學校的問題及需要；
- 確保環境分析及問題辨認，能在良好的同工關係中進行；
- 鼓勵所有成員合作，反思及分析環境對學校將來的衝擊；及
- 確保環境分析是成員的正面學習經驗。

計畫結構方面

- 培養員工間開放氣氛，討論及建立學校使命與目標；
- 鼓勵成員合作計畫及建構學校的發展；
- 鼓勵以團隊精神策畫課程及學校；及

- 確保計畫結構活動，是成員學習及成長的機會。

任用導引方面

- 認識成員參與任用導引活動的重要性；
- 強調任用導引過程中，人際關係及團隊精神發展的重要性；
- 因應成員能力，給與他們工作上的挑戰；及
- 激發創造及創新，以達到學校目標及成功推行學校活動。

監察評估方面

- 在監察評估過程中，鼓勵合作、團隊工作及承擔；
- 強調監察評估對學校人資源發展的貢獻；
- 為評估個人、小組及全校表現，開展學習及發展的開放氣氛；及
- 鼓勵不同層面的出色表現，給與讚賞、認可及明確的酬賞。

結構領導的貢獻

　　結構領導強調提供適當的技術結構，支持學校計畫、組織、協調及實施教與學活動。技術領導者長於利用策略及情境，以確保最大成就（Sergiovanni, 1984）。相關的領導行動包括分工（Division of Labor）、角色澄清（Role Clarification）、適當的溝通渠道（Communication Channel）、資源分配（Sergiovanni, 1984）、澄清政策及程序、預算（Bolman & Deal, 1992）、通告、監察、諮詢及委派（Yukl, 1994）等。於是透過計畫時間、管理科技、組織

及編排，結構領導對策略管理過程有以下貢獻：

環境分析方面

- 幫助成員，掌握分析學校情境的技術；
- 安排機會，讓成員分辨及討論學校問題或需要；及
- 幫助收集有關影響學校的內外因素資料；

計畫結構方面

- 安排資源及機會，讓成員反思環境分析結果，發展學校使命目標，並設立課程、政策及程序；
- 為學校管理及方案實施，安排所需的人資源結構，盡量做到最有效能及效率；
- 提供成員技術支援，以制訂學校政策、課程及程序；及
- 確保每位成員在組織結構中有清楚的角色及問責。

任用導引方面

- 為成員提供技術支援，組織教職員就職、入職指導、訓練或發展的課程，使同事能有效地實施方案及學校行動；
- 容許成員擁有具體實在的職責及自由處理權，進行工作活動，處理問題及作出達至學校目標的重要決定；
- 澄清所有角色職責，協助成員在個人表現及課程實施上，有相關的能力；及
- 各成員實施計畫時，給與適當的協調及溝通網絡。

監管評估方面

- 提供技術支援，幫助成員根據學校計畫、課程計畫及個人
  發展，收集有關不同指標的學校表現資料；
- 委派合適成員進行學校自我評估、協助外來審查及準備學
  校有關報告；
- 協調監察及評估的所有工作，把技術困難減至最低，並確
  保監察評估過程的效能及效率；
- 確保學校評估結果會應用在學校課程及個人的持續改進上，
  如多層自我管理循環所示。

政治領導的貢獻

　　從政治觀點看，學校領導以不同方式對策略管理過程出現的
問題，作出反應。有關問題多是不同人士間、利益小組間或組織
間衝突或緊張、利益的競爭、資源分配的爭論、權力及個人利益
的操縱（Bolman & Deal, 1992）。政治領導的作用，就是在教師
及小組間排難解紛。基本的假設，就是透過理解政治的正面性，
可給與學校成員適當權力；當個人選擇被崇高意願及道德判斷行
動吸引時，正面政治便得以逐漸進展（Block, 1987; Burns,
1978）。此外，共同的遠見，有助成員認識到他們必須通力合作，
尋求最佳解決辦法（Tjosvold, 1992）。由於衝突不會自動離開學
校，所以個人及小組就應充分管理及利用這些衝突（Bolman &
Deal, 1991a）。領導應該盡力尋求雙贏（win-win）及合作的解決

方法，絕不宜利用他人以追求個人目標（Covey, 1989; Tjosvold, 1992）。基於上述假設，政治領導的貢獻可簡述如下：

環境分析方面

- 鼓勵成員，以正面態度面對環境分析中的矛盾衝突；
- 協助成員注意環境對他們共同利益的影響；
- 協助成員明白，他們團結面對外來挑戰及校內困難的重要性；
- 鞏固不同團體的利益，並幫助他們對環境分析作出貢獻；
- 辨認學校「強、弱、機、危」過程中，平衡及整合的不同利益；及
- 以「雙贏」方式，幫助解決環境分析過程中引起的衝突。

計畫結構方面

- 鼓勵以建設性觀點及態度，對待計畫結構過程中的矛盾衝突；
- 與不同團體組成強大聯盟，支持學校使命及目標的發展；
- 幫助成員明白，分歧的意見若能加以管理，將成為重要的資產；
- 強調在發展學校目標、訂立課程及組織資源過程的共同利益；及
- 鼓勵「雙贏」想法，把安排課程、結構的可能衝突減至最低。

任用導引方面

- 在任用過程中，以正面方法管理不同團體間的利益衝突；
- 在方案實施中，鞏固及鼓勵同事間的協作；
- 排解衝突及決定行動時，強調有關人士的共同利益；及
- 協助成員以「雙贏」方法管理小組及個人間的差異。

監察評估方面

- 透過合適的認受過程，把學校素質保證活動的內外阻拒減至最低；
- 對實施課程監察及評估，建立來自不同人士的強大支援；
- 強調監察及評估活動帶給學校成員的共同利益及長遠好處；
- 幫助成員排解衝突，以「雙贏」方法定出優先評估的範疇；及
- 選取表現指標過程中，平衡整合成員的不同利益。

文化領導的貢獻

　　作為文化領導者，學校領導以激發（Inspiration）、魅力建立學校文化，改變個人或小組的使命、價值及規範。正如 Sergiovanni（1984）所建議，領導者的文化角色及象徵角色對優異的學校表現很重要，他們擔任「首長」（Chief）的角色，強調某些事物，並向他人發出什麼是重要及有價值的信號。他們也擔當了「高僧」（High Priest）的角色，試圖定義、加強及表達那些賦予學校獨有

性而歷久不衰的價值、信念及文化絲縷（Sergiovanni, 1984）。文化領導對策略管理過程的貢獻，簡述如下：

環境分析方面

- 引起成員注意影響學校的環境轉變；
- 幫助成員明白環境分析對學校發展的重要性；
- 幫助成員意識到學校與環境轉變息息相關；
- 向所有成員點出「強、弱、機、危」的意思；
- 指引環境分析對準學校發展的有意義方向；及
- 確保環境分析，能道出學校想成就想追求的是什麼。

計畫結構方面

- 集中成員注意力，在環境分析結果所顯示對學校將來最重要的事上；
- 對學校的將來及獨特性有遠見，並鼓勵成員追求學校的卓越性；
- 幫助成員建立學校使命及目標，並在計畫結構中實現出來；及
- 提高成員對學校目標的意識及自覺水平，能在計畫結構過程中，為學校發展而超越自己的利益。

任用導引方面

- 清楚說明專業成長及學校發展對學校未來的意義；
- 以高標準倫理道德行為作為成員的角色模範；及

● 確保任用導引過程與學校使命目標一致。

監察評估方面

● 清楚說明監察及評估,對學校發展及未來的意義及重要性;
● 強調監察評估過程中,具有的學習及持續發展價值;
● 使成員在學校素質保證的不同活動中,專注那些對學校發展最重要的項目;及
● 引導監察、考核活動朝向為個人、小組及學校發展的方面。

　　Yukl(1994)認為向不願提供資料的成員取得準確資料是重要的。以建設性、非懲罰性的態度,傾聽呈報的問題是必需的。所以,文化領導者應該在學校創造一種文化,鼓勵成員報告監察及評估過程中遇到的問題及錯誤。

教育領導的貢獻

　　作為教育領導,領袖的責任是鼓勵專業發展及教學改進,診斷教育問題,給與有關教學事宜的專業意見及指引。他們會激勵、支持及監督教師,同時幫助他們作出有效的表現(Grift, 1990)。

　　為了行使專業責任,教育領導者須了解到,在該社區的辦學目的、該社區的社經實況、該區的家庭文化、該社區人才潛質(Human Potential)及社會資本(Social Capital)(Sergiovanni & Starratt, 1993)。他們有責任建立教育目標、擬定這些目標及傳達給所有成員(Achilles, 1987; Hallinger & Murphy, 1987)。以下分述教育領導對策略管理過程的貢獻:

環境分析方面

- 幫助成員認識，影響教育的社會、經濟、科技及政治的改變；
- 幫助成員認識，教學方面的內在問題及學校評估報告所列的重要教育問題；
- 幫助成員分辨出學校教育過程中的「強、弱、機、危」；及
- 辨識學生的教育需要及教師的發展需要。

計畫結構方面

- 協助成員反思內外環境的衝擊，建立適當的教育使命及學生發展目標；
- 確保學校計畫及教學課程的發展，與教育目標密切相關；及
- 透過適當結構，給與學生學習及教職員發展的最大機會。

任用導引方面

- 在任用導引中，盡量給予師生學習及發展的機會；
- 確保任用導引，配合教學課程計畫的教育需要；
- 確保任用導引活動，對教職員專業發展及學生學習效能有貢獻；及
- 透過任用導引活動鼓勵教師專業化。

監察評估方面

- 幫助成員明白，監察評估對教學過程的改進及教職員發展

的貢獻；

- 幫助成員熟悉，教育評估之近期發展及其對提高教育效能及專業發展之應用；
- 幫助成員把監察評估過程，與教育過程及已訂定的教學目標聯繫起來；及
- 幫助成員運用教育指標，監察及改進教學過程及教育結果。

領導與不同模式之學校效能

層塊領導的概念，為校本管理機制，提供了構思及實踐領導的全面看法。學校領導人可根據五向度領導模式，在學校實施策略管理或校本管理。

第二章介紹了八個學校效能模式，描述追求學校效能的不同理念及方法。明顯地，基於不同學校效能模式，所需之領導角色自然不同。故此，先討論這八個模式的領導角色，將有助領導的運用。

領導角色與學校效能模式之關係，簡列於表 7.3。

學校目標發展者

根據目標模式，學校若能完成所訂目標則謂之有效能。由於教育環境不斷改變，學校目標也就不是靜止的，需要不斷澄清、發展及建立。所以，學校領袖須擔當目標發展者（Goal Developer）、目標領袖（Goal Leader）及學校計畫促進者的角色。他們幫助學校人士發展合適的學校使命及目標，以適應校內、外人士

表 7.3　學校效能與領導角色

	學校效能理念	領導角色
目標模式	• 完成指定目標	• 學校目標發展者 • 學校目標領導者 • 學校計畫促進者
資源－輸入模式	• 得到所需的資源及輸入	• 資源發展者 • 資源分配者
過程模式	• 內部過程順暢健全	• 過程工程師 • 過程促進者
滿意模式	• 重要人士的滿意	• 社交領導者 • 社交滿足者
認受模式	• 獲得公眾的認受性	• 公共關係經理 • 環境領導者 • 問責建立者
無效能模式	• 學校不存在無效能的特徵	• 監督者 • 弊病偵查者 • 問題打擊者
組織學習模式	• 適應環境轉變及克服內部障礙	• 環境分析者 • 學習推動者 • 組織發展者
全素質管理模式	• 全管理內部員工及過程，以因應重要人士之需	• 全素質領導者

的需要及學校的特性。他們引導學校成員努力達成學校目標。當然，他們至少在一段指定時間內需要協助學校作出計畫，確保學校目標，有合適優先序，清楚列明學校產出，並有為人接受的效

能指標。

資源發展者

資源輸入模式，假設學校需要難得而珍貴的資源輸入，始能變得更有效能。所以，學校領袖也是資源發展者（Resource Developer）及資源分配者（Resource Allocator）。他們澄清學校輸入與輸出的聯繫，又決定什麼資源對學校存亡及發展最具關鍵性；他們盡全力發展及運用外來難得的資源，並分配去支持有效的內在運作，生產高素質學校成果。

過程工程師

對學校效能的過程模式來說，學校過程的性質及素質，往往決定輸出的素質及學校目標可達到的程度。學校內部運作若順暢健全，便是有效能。所以，學校領袖是過程工程師（Process Engineer）及促進者：他們建構學校的過程，包括學校管理、教與學的活動，又促進有效的溝通、參與、協調及社交互動。

社會領導者及滿足者

根據學校效能滿意模式，若學校所有重要人士對學校表現滿意，便是有效能。學校領袖擔當社會領袖（Social Leader）及社會滿足者（Social Satisfier）角色，幫助校內校外人士交流他們的期望、了解學校的強項及弱點，及為學校訂立適當目標，以滿足他們的需要及期望。若不同主要人士間的要求有嚴重衝突，學校領袖就須協助他們解決問題及維持良好社交關係。他們盡力滿足不

同的重要人士的期望和需要。

環境領導者

認受模式假設，成功的公眾認受或市場活動對學校存亡及發展，十分重要。所以，學校領袖要擔當公關經理（Public Relations Manager）、環境領導（Environmental Leader）及學校問責建立者（Accountability Builder）角色，他們須管理學校的外在環境，與校外有關人士建立良好關係，推銷學校的強項及對社會之貢獻，建立學校公眾形象，及確保學校對公眾之問責。

監督者

根據無效能模式概念，學校若沒有無效能的特徵，便是有效能。學校領導者角色應該是監督（Supervisor）、弊病偵查者（Dysfunction Detector）及問題解決者（Problem Solver）；他們須監督學校活動，找出弱點、矛盾衝突、弊病、困難及缺點，又幫助成員消除及解決問題。

組織發展者

組織學習模式，假設環境轉變帶來的衝擊及校內的障礙運作是無可避免的。學校若學會如何改進及適應校內、外環境，則稱為有效能。學校領袖擔當環境分析者（Environmental Analyzer）、學習促進者（Learning Promoter）及組織發展者（Organizational Developer）。他們幫助學校人士，對環境轉變及校內阻拒有敏銳感覺，分析環境及抗阻，反思分析的結果，總結出啟示，訂立策

略,計畫行動及發展學校組織。

全素質領導

　　正如第二章所論,學校效能全素質管理模式是其他模式的整合,尤其是組織學習模式、滿意模式及過程模式。這模式強調校內環境及過程的整體管理,以滿足重要人士需要。學校若能在運作上,對所有成員增賦權能,進行持續的學校改進及滿足校內、外人士的需要,則稱為有效能。學校領袖須擔當全素質領袖(Total Quality Leader)的角色,即包括其他七個模式的角色:學校目標發展者、資源發展者、過程建構者、社會領導及滿足者、環境領導者、監督、學習推動者及組織發展者。

第八章

校本教職員
發展的管理

校本管理機制，特別強調人在個人、小組及學校層面上自我管理發展的主動性。本章將討論與校本管理機制配合的教職員發展（Staff Development）概念、管理及實踐。

教職員發展需要

八、九〇年代間，西方國家以至亞太地區，社會發展迅速，教育環境急變，教育目標變得複雜，工作艱鉅，而社會人士對教育的期望也甚高，問責要求愈來愈緊迫。面對這些挑戰，政策制訂者與教育工作者，均意識到教職員除了職前訓練（Pre-service Training）外，還需要在職發展（In-service Development）活動，增強專業才能，以應付日益艱難的工作需求，並發揮個人的潛能。很多國家的教職員發展祇屬起步階段，不少人尚未明白它的重要性，故未能有效推行，以改善教育素質。

組織行為（Organizational Behavior）研究，對組織管理和員工發展產生深遠影響。Maslow（1943）和 Alderfer（1972）的人性需要理論（Human Needs Theory），Herzberg（1966）的雙因子理論（Two-Factors Theory），McGregor（1960）的X理論和Y理論，Hackman 和 Oldman（1976）的工作設計理論（Job Design Theory），Likert（1961, 1967）和 Tannenbaum（1968）的參與管理理論（Participative Management Theory），及 Cammann、Fichman、Jenkins 和 Klesh（1983）的工作生活素質研究（Quality Work Life Studies），都從不同方向說明發展員工的潛能和積極性

的重要性，促成人力資源觀點的發展。人力資源學者認為，教職員是學校的重要資源（Bolman & Deal, 1991a），倘若這些資源得到合適的開拓發展，學校將會更有效能，達到更佳的效果。所以在管理過程中，學校必須重視員工的工作動機、員工心理及成長發展等需要，創造機會，使員工的潛能有效地發揮。

目前，加強學校教師發展需求的重要因素有不少，包括教育環境的轉變、學校及個人價值觀的轉變，以及學校管理模式的轉變等。

教育環境的轉變

教育環境的轉變，包括科技迅速發展、公眾要求問責、課程發展及學生教師素質參差等。隨著現代世界的不斷擴展，學校擔任的角色開始轉變，教師須擴充他們的知識領域，發展教學所需的各種才能。學校的開支由納稅人支付，所以學校的表現及效能是公眾最關注的，學校須面對公眾較高的問責，而教師則須發展不同的專業能力，以滿足學生、家長、教育團體、社區以及公眾等不同的期望。

社會發展帶來要求，所以增加知識、更新教育理論及教學策略、改革課程及教育過程都是無可避免的。教育須關注這些轉變，配合要求，維持他們的教學效能。參差及低劣的學生素質也是教師面臨的大挑戰。教師經常遇到「行為問題」、「成績問題」及「動機低落」等等學生問題。無論行政人員或教師，均須更新意念及技巧，幫助解決這些問題。發展中國家，由於教育擴張，教

師數目迅速增長，即使在同一學校內，教師素質差異也更大更明顯；而他們對教育的觀點也是如此，差異甚大。所以，有必要推行校本教職員發展（School-based Staff Development）活動，提高教師素質，從而提高學校效能。

學校價值和個人價值觀的轉變

近年，學校管理強調的學校價值已起了改變。長遠的學校發展及效能，追求教師專業化，擁有高素質教職員條件，滿足成員的需求，參與決策及提供社區服務等，都是教師及行政人員的一些主要學校價值（School Values）。教職員發展，一向被視為實現這些學校價值的必要條件。教師個人價值方面也有了轉變，除了基本生活需求，教師也關心較高層面成長的需要，如才能發揮、專業成長、成就感等。學習及發展，成為個人價值及需要的核心。能否滿足這些需求將影響教師效能。所以，發展及成長的機會對教師動機、滿足感、承擔及表現，有關鍵影響。這些學校價值及個人價值的轉變，已引起學校對教師發展需要的關注。

學校管理的轉變

近年的學校管理改革及教師專業化運動，為教師的角色帶來了基本的改變。八〇年代，世界各地，普遍提倡校本管理（School-based Management）、協作管理（Collaborative Management），或分享決策（Shared Decision-Making）（Caldwell & Spinks, 1988）。

自此，教師獲得較多參與學校行政決策或學校管理的機會。此外，教師在組織內的領導角色亦逐漸被重視。Barth（1988）提出學校是領袖的社群（Community of Leaders）的概念，認為所有老師都是有領導能力的。

如第五章所論，在個人、小組及學校層面，成功實施校本管理或自我管理依賴多個條件，其中以教職員參與及預備最為重要。教職員發展，是為教職員作好準備，以實施學校改革或教育改革，所以是必需的。這方面在第十章有詳論。

教師角色正在轉變。新角色包括教育專業人員、新知識及科技學習者、教育夥伴、改革啟動者、決策者及學校理想實現者。教職員發展協助教師改變角色。教育環境、學校價值及個人價值正值轉變，為了學校長遠發展及效能，教職員發展日益需要。總括來說，以上教育環境的變化、價值觀的轉變、學校管理的轉變，以及教師的專業成長等因素，都促成了校內教職員發展的必要性。

教職員發展概念

一般概念

文獻所載不同學者所持的理論，其實是相容的。舉例來說，Warren-Piper 與 Glatter（1977）認為員工發展是推行一套有系統的活動，滿足個人的興趣、志願及需要，以發展他們的事業，並滿

足組織未來的需要；Arends、Hesh 與 Turner（1980）提出員工發展不應單看組織的利益，而是包括兩個主要目的：維持員工的工作效能（即組織目的）和支持個人的成長（即個人目的）；Sparks與 Loucks-Horsley（1990）則簡單定義教職員發展，為一個改善學校員工的工作技巧、知識或態度的過程。

　　教職員發展的活動範圍可以非常廣闊。Sparks與Loucks-Horsley（1990）認為現行的教職員發展活動可以歸納為五套主要模式：個別指引的教職員發展（Individually Guided Staff Development）模式、觀察／評核（Observation/Assessment）模式、發展／改良過程（Development/Improvement Process）模式、訓練（Training）模式及探索（Inquiry）模式。以上的教職員發展活動，都是正規、有系統及目標明顯的。若我們相信學校的整體過程，對教職員有教育功能和發展意義，則任何學校活動的安排，均須照顧到教職員的發展層面。教師在日常學校運作及教學中，有機會在非正規的、自然而不自覺的情境中反思、學習及發展。這種非正規的教職員發展活動過程，至少應與正規教職員發展方案同樣重要。學校文化或參與式管理（Participative Management）對成員成長的影響，目前是受到強調的。這亦間接反映非正規或「隱蔽」的學校過程，對教職員發展功能的重要性（Cheng,1992b）。

教職員發展的新觀點

　　傳統上，教職員發展是外控的（External Controlled），並集中以教師為對象，不考慮學校行政人員的發展需要，而發展活動

的內容則限於知識及技術。Combs（1988）指出，教育改革遇到重大挫折，是因為它們過於集中知識技術的訓練，有片面或甚至錯誤的假設，並用由上而下的推行方法。他認為成功的教育變革，必須同時考慮校內各基層（包括行政人員、教師和學生）的需要，並同時兼顧參加者認知及行為的改變。

八〇年代開始，教職員發展已逐漸離開外控的傳統，進入由教職員自行策畫的校本發展方式了。新教職員發展概念，強調校本式（School-based），在校內進行，而且是由教職員直接指揮的。根據 Oldroyd 與 Hall（1991）及 Cheng（1993e），總結並比較教職員發展新舊觀念的特點，簡列如表 8.1。

從表 8.1 比較，教職員發展的新舊觀念的主要分別是：從外控及由上而下管理到校本管理，從補救目的到發展目的，從暫時及無系統安排到持續及有系統組織，從不完整的內容到持續、完整的內容，從被動出席到主動參與，從個人為主到個人、群體及學校三者並重，從知識、科技訓練為主到情意、認知及行為發展，從教師為主到同時兼顧教師、行政人員及職員，從單純上課式學習到各類發展活動，以及從外在誘因鼓勵到內在回報自我動機參與教師發展活動。這些轉變，顯示新概念同時兼顧了學校不同層面不同對象的需要，而新教職員發展活動目標，就是為了提高教職員及學校各方面的效能。

整合上述教職員發展概念的討論，教職員發展可以這樣理解：教職員發展是幫助教職員（教師及行政人員）學習及發展的過程，其中包括一系列的活動，使他們成為更有效能的個別教職員及小組成員，教導學生，管理學校過程，並幫助學校整體有效面對轉

變中的教育環境。

表 8.1　新舊教職員發展觀念的比較

教職員發展傳統觀點	教職員發展新觀點
1. 外控形式 • 活動由教育署計畫及管理，強調有關政策為主 • 教職員不願參與及提出意見 • 活動未能切合教職員的實際需要 • 活動多在校外進行，參與者必須離開本身工作崗位，影響學校正常工作	1. 校本形式 • 活動由校內教職員計畫及管理，內容是依據每所學校教職員需要而設計 • 教職員願意參與及分享意念 • 活動切合教職員需要 • 活動多在校內進行，教師無須離開工作崗位，亦可即時實踐所學
2. 補救式 • 活動是為補救教育過程中的問題而安排 • 祇應付一般問題，未能針對每所學校的需要	2. 發展式 • 活動是為學校、小組及個人發展需要而策畫 • 為學校的需要而服務
3. 臨時、缺乏系統 • 以臨時性活動為主，由外來專家推行 • 無長遠發展策略，亦缺乏系統管理	3. 連續、有系統規畫 • 活動被納入全年學校計畫中，而且得到行政人員的全力支持 • 有長遠策略及系統管理
4. 內容 • 片面、零碎 • 過於強調技術知識及行為的改變	4. 內容 • 持續及全面 • 兼顧技術、情意及價值信念發展
5. 偏重個人需要 • 強調個別成員的改進，忽略小組及學校整體的發展	5. 兼顧個人、小組及全校需要 • 強調個人、小組及全校層面的發展

（下頁續）

（續上頁）

6. 祇限教師	6. 兼顧教師、行政人員及職員
7. 外來講者為主 • 不熟悉學校情況，引用不相關的例子	7. 校內外的講者 • 內容切合參與者需要，並能引用真實個案，對實踐有用
8. 教職員角色被動	8. 教職員角色主動
9. 形式單調 • 演講方式為主	9. 形式多元化 • 研討會、短講、工作坊、訓練（coaching）、素質圈（quality circle）、課堂研究（classroom research）及評鑑等
10. 參加動機 • 以外在報酬鼓勵參與，例如升職及減少工作量等	10. 參加動機 • 參加者重視內在報酬，例如專業成長及當家作主

（改自 Y. C. Cheng & W. M. Tam, 1994）

教職員發展功能

　　根據表8.1的新概念及蘇格蘭教職員發展的經驗（Scottish Education Department,1991），總結出一些不同層面的教職員重要功能，簡列如下：

爲個人發展及效能

- 鼓勵教職員個人，更有動機及投入工作；
- 增進教職員知識、技能及專長；
- 幫助教職員個人專業發展；
- 幫助成員個人，反思現行學校政策及實踐的宗旨及目標；
- 發展教職員的潛能；
- 維持及改進個人工作滿足感；
- 提高個人自信心。

爲小組發展及效能

- 鼓勵小組合作；
- 建立團隊精神；
- 培養友誼及熟稔；
- 團隊成員彼此學習；
- 明白及接納組內不同意見；
- 改進組內協調；
- 解決小組矛盾衝突；
- 使小組成員間有較好的溝通；
- 使組內產生更好的意念、解難方法及決策。

爲學校發展及效能

- 確保／提高學校學習及教學的素質；
- 改進教職員管理；
- 建立堅強的學校文化；
- 發展校內正面開放的人際關係；
- 提供溝通及發展學校使命及目標的機會；
- 幫助學校成員實施學校改革或教育創新；
- 切合學校長遠發展的需要；
- 校內更多參與及承擔。

當然，個人、小組及全校層面的發展是相互強化的，個人發展好，小組及學校發展便愈好；反之亦然。

校本教職員發展矩陣理念

借用第六章學校過程矩陣理念，可提出校本教職員矩陣理念，一方面進一步說明教職員發展潮流，另一方面作爲校本教職員發展實踐及管理的理論架構。

教職員發展矩陣

圖 6.1 的學校過程矩陣用於教職員發展矩陣，包括三個向度：

發展範疇（Domain of Development）、主角類別（Category of Actors）及發展層面（Level of Development）（圖 8.1）。

教職員發展矩陣假設了教職員發展活動中主要牽涉的人物，包括學生、教師及行政人員，而以後兩者為中心，三者各有不同發展需要。教職員的發展，可從個人、小組及學校三個層面考慮，而各層面的目標、實踐及管理亦未必相同。教職員發展的效果，可從三個主要範疇表現出來：技術或行為（Technical or Behavioral）範疇、情意（Affective）範疇及認知（Cognitive）範疇。技術／行為範疇著重教職員行為的改變，故此關注外顯表現、傳遞知識、掌握技巧及行為效率；而情意範疇重視教職員的投入感、成就感、信心、組織氣氛及人際關係；認知範疇則重視教職員的信念價值、對工作反思及認知的增長。

主角類別

學生的發展是學校的主要任務。教職員發展包括行政人員、教師及職員的發展，最終也是以學生的發展為依歸。教師與行政人員的發展需要各有不同。教師的發展需要可能與課室教學活動有關，如教學技巧、課室管理、學科知識、課程設計、處理教師與學生關係、培養學習氣氛、幫助受情緒困擾學生及幫助學習緩慢的學生等；行政人員的發展需要則可能與學校管理有關，包括群體協作、領導、策畫及教職員評估等。

發展層面

教職員發展層面有三，即個人、小組及全校層面。傳統的教

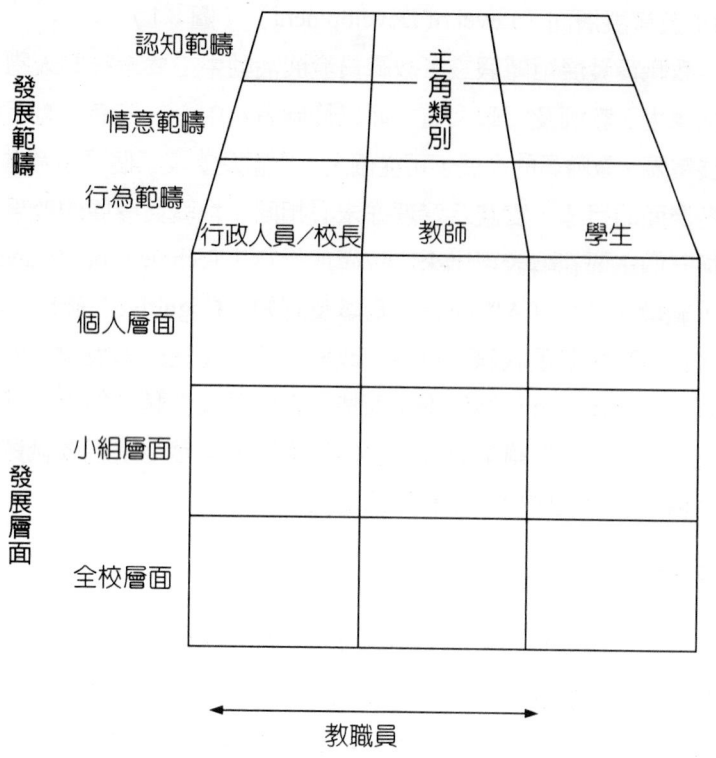

圖 8.1　教職員發展矩陣

職員發展主要集中在教師個人的技術訓練，忽略了教師及其他人員在群體合作中所需要的訓練，亦忽略了成員在達成學校整體目標中所扮演的角色。現在教職員發展，正開始關注小組及學校層面的發展需要。

Carnegie Task Force on Teaching as a Profession（1986）建議，校內團隊協作（Team Collaboration）是改善教師教學素質的關鍵因素，一方面使新教師從資深和出色的教師中汲取寶貴經驗，另一方面使校長能充分發揮教學督導的角色。事實上，教職員專業化的意義並不祇限於發揮個人專科知識和教學技巧，更要以專業個體，在群體協作下，影響同事的表現。教職員管理上要同時兼顧個人、小組及學校三個層面。

個人、團隊及全校三層面的發展必須兼顧，缺乏其中一環，將會對整體效能造成負面影響。若單有個人發展而缺乏團隊和全校的協助，個體的發揮始終有限。況且，當缺乏團隊和學校的整體呼應配合時，學校運作將如同一盤散沙，教師工作事倍功半，學生的學習將會大受影響。然而，若單有團隊發展，而缺乏個人及學校整體的關注，亦容易流於成黨成派，各據山頭，更不幸的是教師之間互相攻訐。而若只強調學校發展，未能顧及團隊及個人需求及發展，學校將流於科層僵化或形式主義，亦無從落實發展的目的。所以，在考慮設立教職員發展計畫時，必須同時兼顧三層面的需要。

發展範疇

教職員發展可在不同範疇發生效果，包括行為／技術、情意及認知範疇。一般來說，行為的發展是外顯的，表現在課室或學校組織裏。與課室有關的行為包括教學技巧、課室管理、知識傳授、師生接觸，及教學行為等；與學校組織有關的行為則包括守時、合作、參與、交往、帶領、規畫……等等。這些都是學校用

以評核教師工作的準則。教職員情意上的發展，多半與個人喜好、滿足感、組織承擔、師生感情、工作投入感、同事關係、團隊精神及組織氣氛等有關。情意發展的好壞，往往影響教職員的行為發展及工作表現。認知發展多半是含蓄內隱的，包括對學校作業的反思，對專業問題、教學及管理價值信念的判斷，及對學校過程及學校使命等的理解。認知發展非常重要，是行為發展和情意發展內化（internalized）的基礎，也由此形成學校的文化。

教職員發展內容

　　根據教職員發展矩陣理念，可以設計不同形式的發展活動，達到教師及行政人員在不同層面上的不同發展目標，如表 8.2 所列。教師和行政人員有些發展活動目標相同，所以表 8.2 只列出可能不同的例子。

教職員發展協調原理

　　表 8.2 所示，在教職員發展範圍可進行不同類別的活動。但我們如何最有效推展這些活動？這問題，可根據第六章提出的協調原理作出判斷。應用在教職員發展的協調原理，包括矩陣中的三類協調：類別協調（Category Congruence）、層面協調（Level Congruence）及範疇協調（Domain Congruence）。

表 8.2 教職員發展的活動及目標

		對教師	對行政人員
個 人	行為 （技術）	• 增進教與學的知識、技能及專長 • 找出阻礙教師充分發揮的因素 • 改善教學表現 • 鼓勵參與及發展 • 幫助同事的工作	• 提高行政效率 • 改進領導才能 • 掌握策畫及管理的技巧 • 改進督導方式 • 鼓勵開放及學習 • 幫助同事的發展
	情意	• 加強作為教學專業的自信 • 提高教學滿足感 • 增加對教育工作的承擔	• 加強行政領導的自信 • 提高行政工作的滿足感 • 增加對同事的關心及支持 • 增加對教育及行政工作的承擔
	認知	• 理解目前教育趨勢 • 理解現時學校政策和運作的目標與方向 • 認識教學工作的價值，確立個人教育信念 • 提供教師澄清角色的機會 • 認同學校的使命 • 對教學成果負責	• 理解目前教育趨勢 • 反思現時學校政策及運作的目標和方向 • 認識行政上的倫理及道德問題 • 認識行政工作的價值 • 確立領導的個人信念 • 澄清行政上的角色 • 自我評估及對行政的反思 • 對同事表現及行政結果負責
	行為 （技術）	• 提供成員互相學習機會 • 合作教學和發展課程 • 互相觀摩 • 學習參與及分享	• 解決內部衝突紛爭及改善溝通 • 領導小組／團隊工作 • 學習授權及分工

（下頁續）

（續上頁）

小 組	情意	• 建立團隊精神 • 鼓勵成員互信 • 培養友誼	• 建立行政人員的團隊精神 • 鼓勵行政人員合作互信 • 培養友誼
	認知	• 討論及理解小組工作與學校政策目標的關係 • 評估小組工作效能 • 分析小組的強、弱及發展 • 確立小組工作的角色及價值 • 承擔小組效能表現	• 討論及確立小組與學校政策間的關係 • 認識集體行政及參與決策的價值 • 評估各項政策的利弊 • 確立行政小組的價值和角色 • 對政策效能表現承擔
全 校	行為 （技術）	• 提供全校教學合作機會 • 改善全校資源的運用 • 找出不利教學的全校因素	• 提供全校教學及管理的合作機會 • 改善全校資源管理 • 找出及防止不利全校同事充分發展的因素 • 發展全校形象
	情意	• 培養學校歸屬感 • 建立全校教師協作氣氛 • 發展全校一家的精神	• 建立全校一體氣氛及歸屬感 • 建立行政人員與教師間親和關係 • 發展全校一家的精神
	認知	• 評估學校效能 • 參與發展學校的使命和目標 • 確保學校教育的價值 • 認同學校特有的使命及前景	• 帶領學校政策的討論和反思 • 領導同事發展學校使命及目標 • 帶領確保學校教育的價值 • 帶領確保學校特有的使命及前景

（改自 Cheng & Tam,.1994）

　　類別協調是指行政人員、教師在不同層面三範疇的發展活動目的，應與學生的發展協調。舉例說，行政人員發展活動的管理原則（例如內控／外控），應與課室管理原則（例如自律／處罰）及學生的學習方法（例如主動／被動）協調。層面協調是指不同層面的發展活動應該互相協調。舉例說，在校內推行全校輔導法（Whole-school Approach to Guidance），必須每個運作小組一致支持，而老師與學生接觸又能貫徹到底，方為有效。故此，實施全校輔導法而安排的教職員發展活動，必須同時兼顧個人、小組及學校層面的協調。範疇協調是指教職員發展活動，對參加者行為、情意及認知的影響，應該同時互相協調。舉例說，在教職員發展裏，校長以臨床督導法改進教師的教學，若要取得最大成效，則不能只限於改進他們的教學行為，還得改變他們的教學態度和信念。

　　類別協調、層面協調及範疇協調，都是判斷校本教職員發展活動是否奏效的準則。發展活動的協調程度，亦反映學校文化的強弱，因為協調程度代表學校成員在不同層面的行為、情意及認知上的一致取向。

教職員的發展循環

　　根據教職員發展矩陣理念，教職員發展應是一個多層面多範疇的互動發展過程。如圖 6.2 所示，矩陣可切分為三層塊（Layers）：行政人員層塊、教師層塊及學生層塊。

角色層塊的教職員發展

如第六章所論，角色層塊內協調（Within Actor-layer Congruence），即在同一角色層塊上，範疇協調與層面協調的一致，對學校過程效能非常重要。此外，角色層塊內協調，可藉發展循環（Development Cycle）達到，以協助教職員在各範疇和各層面表現一致，提高效能。教職員發展活動可根據發展循環概念來設計。

以行政人員層塊為例，學校可嘗試在個人、小組及學校層面訂立行政人員發展計畫，讓行政人員有機會學習新的管理意念和才能，建立更佳的人際關係，定期檢討校內管理方式，審閱教育政策，反思教育文化及改善自我。為長遠效益著想，在推行初期，發展活動可集中於改善行政人員個人的行為表現，然後推展至他們的情意及信念上。同時，發展活動必須推展至小組以至學校層面，使所有行政人員學習對教育信念、管理哲學及學校行政方法取得一致。當行政人員在信念上達至共識時，對工作和學校自然更投入，協作更有效。當整體行政系統運作順利，小組和個人的表現將得以進一步發展：小組間更能互相協調，提出新意念及願意創新。個人的自信心得以增強，願意接受新事物及更進一步發展自己的專業能力。這便形成一個發展循環，由行政人員個人到小組到全校，再回到個人。個人、小組及全校之間也可互相強化。發展範疇可由行為到情意到認知，再回到行為，而三者間也會互相影響。總之，這個循環是動態發展循環，推動行政人員發展，並加強學校管理過程的協調。

同樣，學校可推行教師發展循環，訂立教師發展計畫，根據

他們三層面的行為、情意及認知的需要，提供發展活動。

層面層塊的教職員發展

除了角色層塊的概念外，我們可將教職員發展矩陣分為全校層塊、小組層塊及個人層塊。如第六章所論，層面層塊內協調，對學校過程效能同樣重要。每一層塊上均可建立教職員發展循環（見圖6.3），以確保層面層塊內協調，並對學校效能及發展作出貢獻。

行政人員、教師及學生個人層面發展活動，必須針對他們不同的行為、情意及信念的需要而設計。發展循環可從改進行政人員表現開始，再推展到為改進教師教學表現而設計的活動。當教師掌握有效的教學技巧、意念及態度，將能更有效影響學生的學習行為，增加他們對學習的興趣及信心，並擁有更正面的思想。學生的進展，激發教師對教學更有信心，並更積極快速的發展。教師的成功發展，也會影響行政人員的信念、承擔及發展。於是就形成個人層塊的教職員發展循環。

同樣，小組層塊的發展循環可根據小組的需要而設計。對教師及行政人員，小組發展包括同儕氣氛、團隊建立、人際關係、社會規範及團隊精神等。小組活動如團隊合作、工作委員會及社交活動，有助發展人際關係，舒緩緊張情緒，解決難題及有效工作。不少教職員發展的研究都指出，參與團隊合作活動可刺激思維及提供新觀點，對教職員專業發展是重要的（Shulman & Carey, 1984; Little, 1982）。

在學校層塊建立教職員發展循環也是可能的。可訂立全校政

策及教職員發展計畫，鼓勵社群互動及發展，並追求學校層面的
協調。同樣，學校層面裏學生、教師及行政人員的協調行為、情
意及認知發展，對學校整體的發展及效能均有貢獻。

矩陣理念概要

教職員發展矩陣理念、協調原理及發展循環意念，可為校本
教職員發展提供全面架構來理解、計畫、管理及實施教職員發展
活動。

根據矩陣理念，教職員發展並不局限技術行為範疇或個人層
面，應包括多元角色、多元發展範疇及多元發展層面。雖然行政
人員層面、教師層面及學生層面，各有其發展模式，他們卻是相
互支持及強化的。同樣，學校層塊、小組層塊及個人層塊，也各
有不同發展功能，並且互相影響及強化。所以，缺少任一層塊的
發展，教職員發展計畫的效能都會減少。

教職員發展協調原理可指引策畫者，制訂有效的教職員發展
策略。除照顧學校、教職員及學生的需要外，也須顧及層面協調
及範疇協調。

發展循環的概念，幫助我們以動態觀點看教職員發展及學校
過程。根據第三章所論的學校效能動態觀點，有效能的學校在面
對正轉變的教育環境內、外壓力時，仍能保持動態發展，並在多
元指標上發揮最大效能。教職員發展循環，應是幫助學校追求動
態效能及發展的關鍵元素。因此，不少研究都發現學校文化的發
展、組織變革及課程改革等重要學校工作，均須教職員發展支持，

始能達到預期效果（例如 Cheng, 1994c; Joyce, 1989; Fullan, 1991; Joyce, 1989; Slater & Teddlie, 1992）。

訂立教職員發展方案

實踐教職員發展理念，需要教職員發展方案（Staff Development Program）。教職員發展方案目的，在於提供一些有系統的活動和機會，發展教職員個人及小組，以至整體學校，使更有效達至預期的學校目標及發展未來的新目標。有關教職員發展方案的效能，須考慮下列的問題：

- 有否配合教職員個人、小組及學校整體的需要？
- 當資源有限而需要發展的很多，如何識別及設立不同需要的優先順序？
- 教職員間是否有正面氣氛，支持方案的意義及實施？
- 若沒有，如何建立正面氣氛？
- 教職員發展計畫是否經過精心設計，推行時是否有清晰的政策、合適的資源及安排?
- 如何訂立及管理合適的教職員發展方案？
- 參與管理能鼓勵參與、承擔、團隊建立及小組過程。學校是否有參與式的管理，給教職員創造發展的機會？
- 如何鼓勵管理上的參與？
- 組織教職員發展方案，教職員角色可否構思為夥伴、學習者、啟動者、領袖、專業人員及實施者？

- 有需要重新定義教職員在學校運作中的角色嗎？
- 學校領導能否激勵教職員，帶出教職員發展的意義及前景，創造開放氣氛，訂立教職員發展方案及鼓勵教職員參與及決策？

上述問題提供了一些設計教職員發展方案的重要指引。具體上，根據蘇格蘭經驗（Scottish Office Education Department, 1991），教職員發展方案可包括圖 8.2 所示各步驟。每一步驟均需教職員參與，他們該是所有教職員發展活動的夥伴、學習者、啟動者、領導、專業人士及實施者。

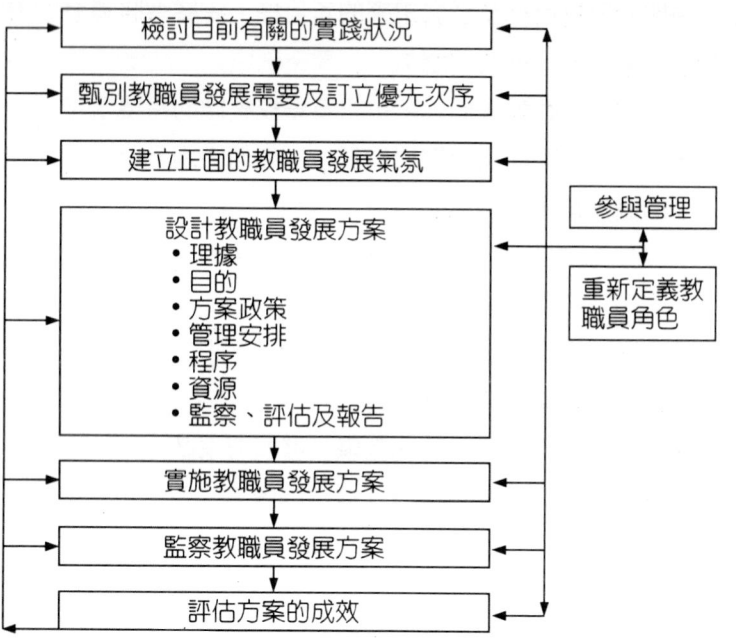

圖 8.2　建立教職員發展方案的步驟

檢討目前有關的實踐狀況

　　策畫者須檢討目前教職員發展活動的政策、程序及安排。根據學校的使命、目標、學校發展計畫、教職員發展矩陣理念及上述問題，分析目前實踐的強、弱、機、危狀況。

甄別教職員發展需要及訂立優先次序

　　學校資源有限，不可能同時滿足學校所有的發展需要。在計畫固定時段（例如一年）的教職員發展活動時，須識別重要的發展需要，並設下優先次序。甄別及排列優先序過程可考慮以下建議：

- 從現行教職員發展實踐檢討結果取得啟示；
- 參考學校或方案目標優先順序，然後訂定教職員發展需要的優先順序；
- 利用教師效能及教育效能知識（例如 Cheng, 1991a; Creemers, 1994; Wang & Walberg, 1991），作為理解及甄別教職員發展需要的指引；
- 利用有關文件資料，甄別教職員發展需要及設下優先序。以下是一些重要的資料來源：教育署報告及政策文件，視學署視學報告，學校年報，工作小組或方案小組報告，考試或測試結果（校內或校外），方案評估或檢討，學生進展數據，個別評估過程，家長回饋，教職員自我評估，等

等。在學校整體、小組及個人的需要間取得平衡，是很重要的。

建立正面的教職員發展氣氛

學校的正面社群氣氛，是成功推行教職員發展方案的重要因素。訂立教職員發展方案，應鼓勵教職員間的互相信任、擁有感、參與、諮詢及投入。起步階段，鼓勵教職員參與制訂教職員發展方向及政策；協助他們交換意見及訊息，明白教職員發展的目的及對他們專業發展及學校效能的重要性。討論到教職員發展活動，則須充分諮詢教職員，並需要他們充分投入參與。

設計教職員發展方案

教職員發展設計，可用方案策畫（Program Planning）技術，包括以下幾點：

- 理據：解釋教職員發展的理念、背景及意義；
- 目的：列出教職員發展活動的具體目的；
- 方案政策：制定基本原理及政策，指引教職員發展的管理及實施；
- 管理安排：列明教職員發展活動的管理、支援及實施所需的安排；
- 程序：列出推行教職員發展活動所需的步驟及程序；
- 資源：預算及計畫活動所需的資源；

● 監察、評估及報告：說明教職員活動效能的監察、評估及
　報告方法。

實施、監察及評估教職員發展方案

教職員發展活動可根據方案計畫實施、監察及評估。實施過
程中，校長、資深教員或教職員發展工作小組，應在活動中帶頭
協助教職員參與活動。校本發展的類型各式各樣，包括正規的非
正規的，校內的校外的，例如教職員主辦的工作坊或短期課程、
同事間互相觀摩、交流教學經驗、課堂實地研究、合作教學、教
職員全體研討會、分科會議、方案小組會議、政策小組、新教師
或新職位入職指導、責任更替、課程發展會議、探訪他校、校外
短期課程、教育研討會或會議、與他校借調或交換教師、參與本
地或國際工作委員會，及服務教育組織或專業協會。

成立教師發展網絡（Teacher Development Network），可提供
在職教育專業發展的不同形式及機會，支援所有校本或校外的教
職員發展活動（Cheng, 1992b）。個別學校、專上學院或教育學
院、教師中心、教育署、專業人員協會及其他組織，可聯合起來
成立教師發展網絡。學校間聯繫及彼此支援，可提供教師發展活
動，例如交換教師、合辦研討會、互相探訪等。學校與教育學院
間互相支援，可提供如實習教師指引、學校諮詢服務、研究、研
討會、工作坊及由資深教師校長擔任的講學等服務。其他教育組
織與學校間聯繫，可舉辦各種類型的聯合研討會及會議、論壇或
研究計畫等。如此加強彼此間聯繫，互相支援。所以，教職員發

展網絡有下列優點：

- 提供更多選擇，以配合教職員發展的不同需要；
- 豐富教職員發展活動內容；
- 加快散佈成功的經驗、意念及技巧到學校；
- 減少教職員活動經費。

　　教育環境、學校及個人的價值、學校管理模式及教師專業成長等轉變，加強了教職員發展的需要。沒有教職員發展，不可能提高學校效能或促進學校發展。

　　近年，教職員發展的概念及實踐正在轉變。教職員傳統概念著重外控、補救、技術知識培訓及個人行為改變。教職員角色是被動的。新概念則強調校本發展及在多元範疇多層面的成長，教職員角色是主動的。

　　校本教職員發展矩陣理念，提供一個新而全面的架構，以理解、管理及實踐教職員發展。協調原理可作為推行教職員發展活動的指引。有效能的教職員發展應包括層面協調及範疇協調。根據教職員發展矩陣建立的發展循環，可發展行政人員、教師及學生，從個人到小組到學校。根據新概念，可建立及實施教職員發展方案，幫助教職員及學校追求整體發展及效能。

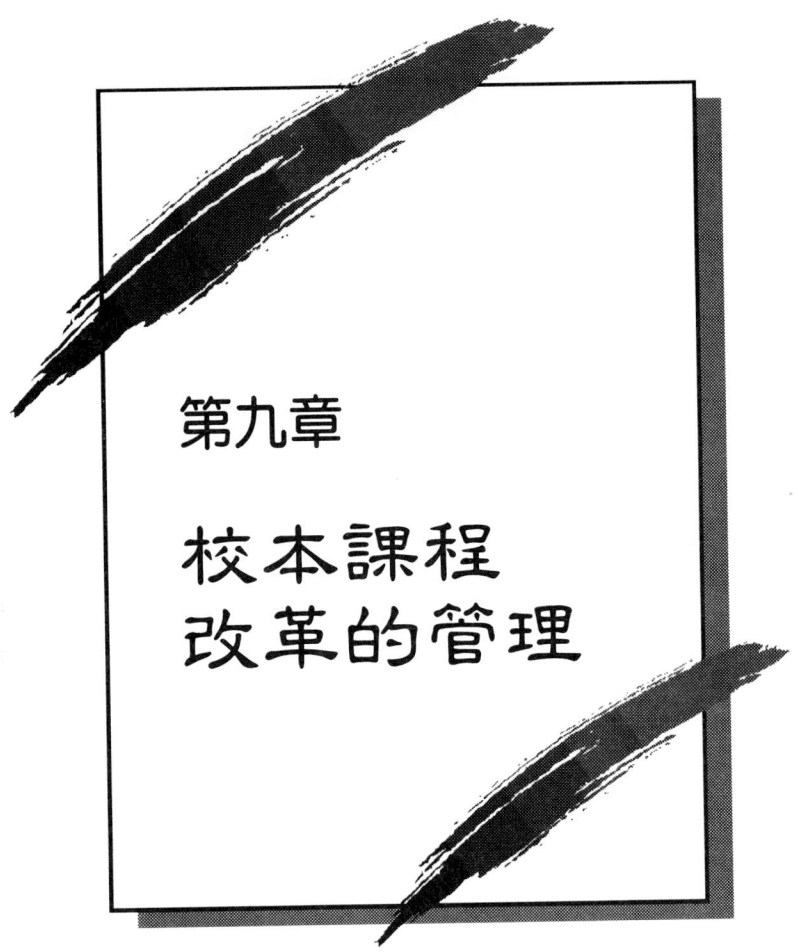

第九章

校本課程
改革的管理

　　課程改革及發展（Curriculum Change and Development）是改進教育過程及追求學校效能的重要活動。本章承接前數章提出的概念，討論校本課程改革的管理及效能。

　　轉變的教育環境、學生多方面的教育需要、公眾及教育政策的高期望，都強烈要求教育改革，不單在教育系統層面，也在校本層面。這是很多地區的情況。課程改革，有系統層面的改革，同時也有中小學的校本課程發展。課程改革是學校改革形式之一，可能遇到阻力，也會受到不同的組織因素影響（Cheng & Ng, 1991a）。雖然現在也有課程評估（Curriculum Evaluation）的研究，但甚少會提供指引或模式給教育工作者或研究者，在複雜的學校組織情境中，有效地實施及管理課程改革。由於缺乏聯繫組織因素與課程改革的理論模式，我們要理解課程改革的動力和成效，不是不可能，就是非常困難。

　　本章會應用校本管理機制概念，理解及管理課程改革。首先，本章嘗試澄清在不同層面上有關課程、課程效能及課程改革的概念，然後說明校本管理機制如何對課程改革及發展的管理及效能有所貢獻。

課程效能概念

　　對不同的研究者或實踐者來說，課程的定義並不相同。狹義來說，課程（Curriculum）可以是一套傳授給學生的特定知識、技能及活動。廣義來說，課程就是一套用以幫助教與學的有計畫活

動。課程更可進一步按不同的層面，分為國家層面的國家課程
（National Curriculum）、學校層面的學校課程（School Curriculum）及科目層面的科目課程（Subject Curriculum）。本章所論的
課程焦點，集中在學校層面，所以，「課程」定義為一套依個人、
方案或學校等層面而策畫，助長教師教學及學生學習的活動及內
容。因此，本章討論的課程改革，將不超出學校範疇，雖然國家
層面的課程改革對研究也很重要。換言之，本章焦點只是校本課
程改革（School-based Curriculum Change）。

在很大程度上，課程發展或改革的目的是透過教育過程的內
容、活動及安排的改變，以達至教與學的最大效能。依循這個思
路，論及課程改革時，就得與課程效能拉上關係。什麼課程對教
與學有效？如何有效？什麼因素對課程效能最有貢獻？作者（Cheng, 1986a）以前提出的課程效能（Curriculum Effectiveness）理念
或有助於這些問題的討論。圖 9.1 所示是課程效能結構圖。根據
這個結構，在先存特性，例如國家目標、學校目標、學校管理、
科目內容、教育科技及資源等約制下，課程如能適當地與教師素
養（Teacher Competence）互動，幫助教師表現（Teacher Performance），協助學生獲得切合他們需要的學習經驗（Learning Experience），並能產生預期的教育效果（Educational Outcomes），就
是有效能課程（Effective Curriculum）。這結構也建議，課程效能
評估可以包括過程（Process）及成果（Outcome）兩個準則，如
教師表現、學生學習經驗及教育結果等。至於可用以改進教師表
現及學生學習經驗及結果的變項，就是課程及教師素養。

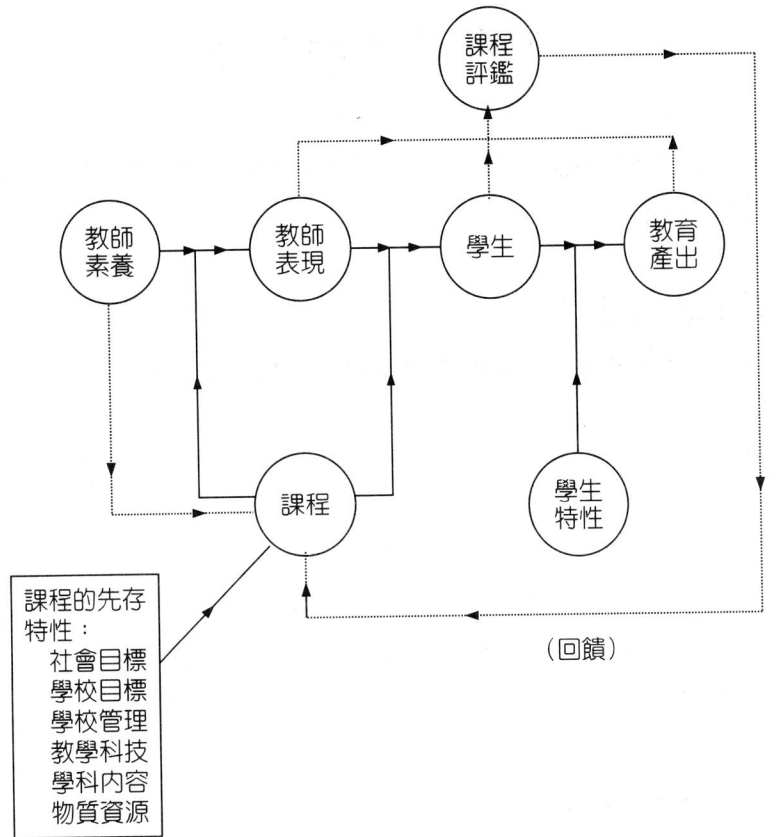

圖 9.1　課程效能的結構（改自 Cheng, 1986a）

課程改革的方法

　　根據課程效能理念，透過課程改革，發揮教學及學習效能的途徑有三種：

簡化課程改革法
（Simplistic Curriculum Change Approach）

　　此法只集中在改革課程本身，而課程改革內容除要與學校目標一致外，還須依個人層面、方案層面或學校層面的需要而發展，切合教師能力及學生特性。這方法假設教師是被動的、教師素養是靜態的，不需要發展；而課程改革是可以由行政人員或外來的專家制定，教師便可順利執行的。當然，這做法將課程改革過程過分簡化了。

教師素養發展法
（Teacher Competence Development Approach）

　　這方法首先改革課程，然後教師素養便須因應課程要求改變而發展。這方法假設，課程改革是由行政人員或外面的專家強加的，而教師素養則容易依課程需要而發展，以滿足已改革課程的所有需要。目前的課程改革多用此法，希望因此而改革成功，可

惜往往事與願違。

動態課程改革法
（Dynamic Curriculum Change Approach）

課程及教師素養均須同步發展及改革，才能最有利於教學及學習，發揮最大的課程效能。這方法有以下的假設：

- 課程效能是一個動態的觀念，包括發展課程及教師素養的持續及循環過程；
- 祇有在教師（即實施者）充分投入這發展過程，課程才可以有效地發展及改革；
- 長遠來說，教師素養的發展，不但是滿足現存的或已改變的課程要求，也要因應學生特性、學校目標及先存學校狀況，而進行發展更合適的課程。簡言之，教師發展也是為了發展課程，而不單是執行課程改革；
- 有效能的課程改革，除行政人員及外來的專家外，也應有教師參與課程制定及決策。

各法比較簡列於表9.1。方法一及方法二採用短期及機械的觀點，進行課程改革及實施。兩者都忽略了課程及教師發展的動態本質，也忽略了教師對課程規畫及本身專業發展的主動角色。因此循這兩途徑進行課程改革，即使沒受到教師的冷淡、怠工、抗議及破壞等阻礙因素所困擾（Cheng & Ng, 1991a），也未能給教與學帶來長期的效能。

動態課程改革往往著眼於長遠的發展，與第五章學校多層面

自我管理及第八章強調的教職員發展概念一致。教師在課程計畫及改革的參與及主動角色上，是十分重要的。比較來說，這方法兼顧課程改革及教師素養發展的需要，最有機會成功達至長遠有效的教與學。

表 9.1　課程改革比較表

	簡化課程改革法	教師素養發展法	動態課程改革法
改革本質	• 單向改革	• 單向改革	• 雙向改革、動態的
改革焦點	• 課程	• 教師素養	• 課程及教師素養
發揮最大效能的做法	• 課程適應教師及學生	• 教師適應改革了的課程	• 課程與教師均須發展
改革推動者	• 改革由行政人員或外來專家計畫	• 改革由行政人員或外來專家強加	• 教師參與改革計畫
教師角色	• 被動實施者	• 被動實施者	• 主動實施者及計畫者
時間架構	• 短期	• 短期	• 長期持續，循環

（改自 Y. C. Cheng, 1994c）

校本機制對課程改革的貢獻

雖然以動態改革法構思課程改革較為有效，還是有些重要問題未能解答。上文提及，課程改革與教師素質發展對有效教與學同樣重要，但是它們如何有效啟動及維持，以達到計畫中的學校

目標？校本管理機制對課程改革的動態方法，有何貢獻？

　　無可避免地，所有形式的學校課程改革，都會在一個包括教師個人因素、小組規範（Group Norms）、組織結構、學校文化、校長領導等的複雜組織情境發生。課程改革及教師發展與組織因素有何關係？具體來說，如何使它們受組織因素幫助而不是阻礙呢？如前幾章所述，校本管理機制可啟動及維持學校發展持續過程，包括課程改革及教師發展。根據個人、小組及學校層面的自我管理概念，校本管理機制對課程改革的貢獻，於圖 9.2 及下文解說。

三層面的組織情境

　　課程改革及教師素養發展，發生在學校組織的三層面的組織情境（Three-level Organizational Context），包括個別層面、小組／方案層面及全校層面，如圖 9.2 所示；

相互發展

　　長遠來說，課程改革及教師素養發展，在組織情境的每一個層面上，都是可以相互促進發展及相互強化（Mutual Reinforcement）的。

影響層構

　　個人層面的課程改革及教師素養發展，受小組或方案層面的影響，而這兩層面則受全校層面所影響。所以，層面之間是有一個影響的層構（Hierarchy of Influence）。

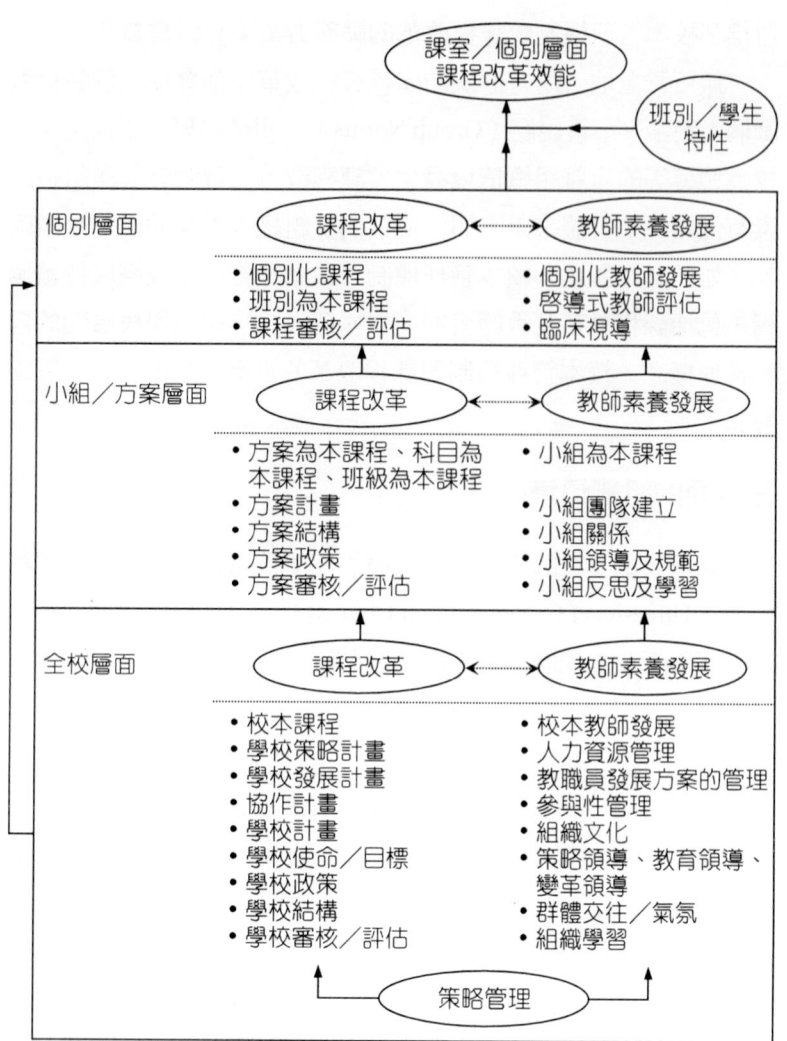

（改自 Y. C. Cheng, 1994c）

圖 9.2　課程改革的組織模式

效能與互動

　　課室或個別層面的課程改革效能（即對教與學的效果），直接由課程改革與教師素養間、學生及班級特性間的互動（Interaction）所決定，也間接受小組／方案層面及全校層面的課程改革及教師發展所影響。

協調性

　　根據校本管理機制協調原理，課程改革效能，可以受兩類協調影響：課程改革與教師素養發展間協調及層面間協調。表 9.2 所示是這兩類協調形成的矩陣。協調是指目標、目的、價值及假設（有關改革、發展、管理及教學）等理念／認知上的一致性（Conceptual/Cognitive Consistency）及運作上的一致性（Operational Consistency），例如運作上的互相配合。在很大程度上，這協調也反映學校文化的強度（即成員間共同的價值觀、信念及假設的強度）（Schein, 1992），而學校文化往往被視為學校效能的決定性要素（Beare et al., 1989; Cheng, 1993h）。課程改革與教師發展層面間協調愈大，課程改革對教與學的效能也愈大。

表 9.2　協調矩陣

		協調	
		課程改革	教師素養發展
協 調	個別層面		
	方案／小組層面		
	學校層面		

在不同層面的特性

受著多種組織因素影響，不同層面有不同特性的課程改革及教師發展。在**個別層面**上，課程改革往往從個別化課程（Individualized Curriculum）、班別為本（Class-based）／能力為本（Competence-based）課程及有關的課程評估或審核（Curriculum Evaluation or Review）方面理解。教師素養發展的個別化，則往往以啟導式教師評估（Formative Teacher Evaluation）或臨床視導（Clinical Supervision）為重點（Valentine, 1992; Bollington et al., 1990; Cheng, 1993e），幫助個別老師改進教學。

在**方案層面**上，課程改革焦點在「教學方案」（Instructional Program），其中包括一套課程單元（Curriculum Units），如科目課程（Subject-based Curriculum）或班級課程（Form-based Curriculum）都有特定的方案目標。舉例來說，科學教育課程可包括生物、物理及化學等課程單元。另一個例子，高中的十一班或中學的中四、中五課程是不同課程單元或科目的組合。一般來說，中小學裏有很多教學性或非教學性的方案。這層面的課程改革機制，是由方案規畫（Program Planning）、方案結構（Program Structure）、方案政策（Program Policy）及方案評估／審查（Program Evaluation/Review）組成的（Cheng, 1993d）。具體的說，教學規畫（Instructional Planning）作為關鍵組分，是訂立方案目的及教學方向、發展教學活動及內容、組織教學設施及安排實施程序的過程。小組層面的教師素養發展，是以小組、團隊為本的（Dyer,

1987; Maeroff, 1993）。發展機制包括小組關係、領導、規範及反思與學習。如第八章所論，成立一個團隊／小組發展方案也是可行的。

正如第五章所論，在**全校層面**，課程改革和發展，往往以學校策略管理或學校發展規畫方式推行，強調以長遠觀點分析學校的內外環境（Hargreaves & Hopkins, 1991）。對課程改革有貢獻的重要成分，有協作計畫（Collaborative Planning）及全校發展計畫書（School Development Plan）（包括學校使命、目標、政策、策略等）、學校結構及學校評核（School Evaluation）制度等（見第五章）。這層面的教師發展是全校教師發展。對教師發展有貢獻的組分有人力資源管理（Human Resource Management）、教職員發展方案管理、參與管理、組織文化、社群互動（Social Interactions）、領導及組織學習（Organizational Learning）（見第八章）。

總言之，課程改革及教師素養發展，從兩個主要方面貢獻學校效能：一個是結構及規畫方面，另一個是人力方面。兩者均可以校本管理機制為根本。

根據第五、六章的概念，校本管理機制包括學校層面的策略管理，及小組、個人層面的自我管理的過程。這過程順序包括環境分析、系統的規畫及結構、適當的任用與導引，及建設性的監管及評估。故此，多層自管過程也是一個在個人、小組／方案及整體學校層面上，持續課程發展及教師發展的循環學習過程。如第五章所論，小組及個人層面的自我管理，也是對這兩層面上的課程改革及教職員發展，有貢獻的循環學習過程。圖 9.3 顯示一

個課程方案層面的循環過程典型例子，包括方案分析、規畫、實施、監察及評估。這過程可提供一個方案層面的課程改革及發展的循環機制。一般來說，每個循環需時一至二年不等，也因層面不同、方案不同及個別差異，而或長或短。不過，在策略上，學校層面的循環，應推動方案／小組及個人層面的循環。這些循環為課程及教師素養提供了繼續改進及發展的機會。

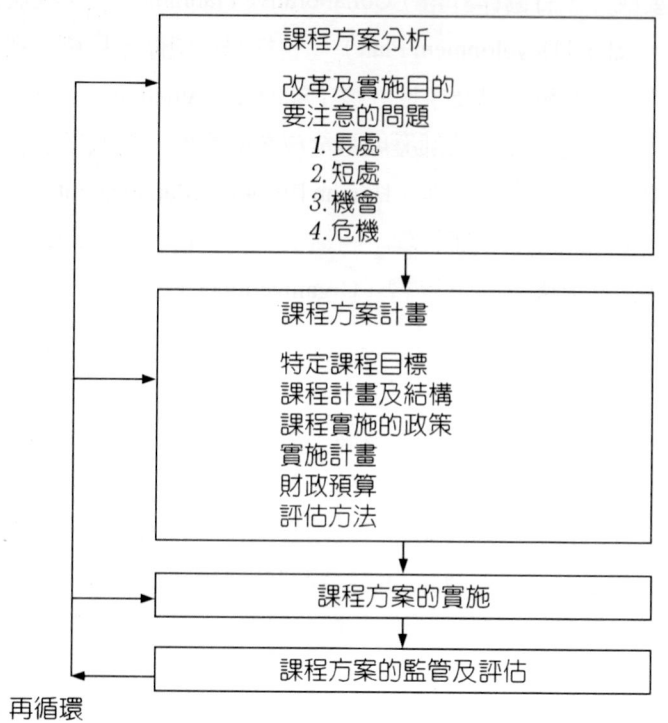

圖 9.3　課程改革在方案層面的循環過程示例
（改自 Y. C. Cheng, 1994c）

　　正如上文所論，課程改革與教師發展間的協調，以及各層次間理念及運作上的一致性，對確保課程改革效能都是重要的。協調往往要透過學校使命、目標、政策及成員間的共同價值信念而達成。這也是近年有效能學校運動強調學校文化發展的原因（Cheng, 1989, 1993h; Beare et al., 1989; Schein, 1992）。

領導與參與

　　應用校本管理到課程改革的管理上，層塊管理及策略管理是必需的（詳見第七章）。尤其，領導有責任協助教學活動，協調個人、方案及學校各層面的課程實施。透過確立學校使命及目標、管理教學方案及推動正面的學習氣氛，以確保所需的協調。這是一般所說的教學領導（Instructional Leadership）（Hallinger & Murphy, 1987）。成功的課程改革難免涉及教師對管理、教學及學習的行為、技巧、動機、理念及信念上的轉變。所以，轉變領導（Transformational Leadership）也是領導課程改革及教師發展過程的重要部分（Bass, 1985; Bennis, 1984）。如第七章所論，教學領導及轉變領導是包含在層塊領導及策略領導裏面的。

　　有效的學校教育改革，需要教師參與（Teacher Participation）或教師領導（Teacher Leadership）（Conley and Bacharach, 1990; Lieberman, 1988; Mortimore, 1993）。教師的參與（甚至，適當地加上家長、學生或校友的參與），對課程改革將有以下的貢獻：

　　•提供重要的人力資源，如參與者的時間、經驗、知識及技

　　巧等，協助計畫課程改革；

- 加入不同的觀點和專長，提高課程改革決策及計畫的素質；
- 加強員工的責任感、投入感，並支持課程改革的實踐；
- 參與課程改革的規畫，有利於建立合作改進的文化；
- 參與課程改革的管理，可增進個人及小組的專業經驗，追求專業發展；
- 藉參與課程改革的決策，教師更易克服技術及心理的障礙，進行改革；
- 參與規畫，有助確保課程改革與教師發展間的協調及層面間協調，有助改革。

　　本章指出管理課程改革的校本架構。第十章會進一步討論學校組織的改革管理，對課程改革的實踐，亦有幫助。

第十章

校本改革的
管理

第九章討論過校本課程改革的管理。顯然，課程改革只是學校改革（School Change）的一部分。學校改革幫助學校適應轉變的環境，滿足轉變教育的需要，分為外控改革（External-Controll Change）及校本改革（School-based Change）兩類。前者指由外界發動強加的改革，而後者則指內部啟動，以及主要由學校成員實施的改革。由於本書強調校本管理，本章討論焦點，將集中校內校本改革，以學校效能動態觀點及校本管理機制概念，討論校本改革的本質、管理及效能，尤其關於組織方面。

校本改革需要

社會經濟急劇發展，人們對教育的期望和要求也愈來愈高而複雜，學校教育要不斷變革，以滿足社會增長的需要，可說是世界各國必然的趨勢。學校是否實施改革，一方面要看外在因素（政治、經濟及社會改革），直接或間接促使學校作出回應；另一方面要看內在因素（新校長或校監上任，學校表現退步），使學校改變組織的結構及過程。

Parsons（1966）的社會系統理論（Social System Theory），可解釋校本管理改革的需要。這理論認為任何社會系統的存活，必須具備以下四項功能：

1. 適應性（Adaptation）：對內在、外在環境改變的適應，以持續發展及有效生存；
2. 目標進取性（Goal Achievement）：可持續提高教師及學生

達到學校目標的能力；

3.整合性（Integration）：維持開放合作學校氣氛，使學校成員滿足快樂，而缺席率及退學率則減至最低；

4.維模性（Pattern Maintenance）：可維持對學校的忠誠及自豪，優良傳統鼓勵人人努力保持。

上述適應功能表示，學校需要回應環境的轉變，因此學校改革是無可避免的。若學校在其他三方面——目標進取、整合及維模的功能不足，學校的生存將受到威脅。所以校本改革是需要的，尤其在這三方面。

第三章提出的學校效能動態觀點，解釋追求多層面多元學校功能的長遠學校效能，需要持續的學校發展及改革。尤其是，這觀點可解釋校本改革的需要：由於面對多元環境的驅使，學校常常追求多元而相反的目標。學校運作中，難免遇到困難，陷於進退兩難困境，促使學校作出改革，解決問題，跳出困境。追求多元學校目標的過程，學校經歷到來自多元而對立的環境壓力。由於資源有限，不足以同時達到所有學校目標，學校須根據壓力強弱，訂出某時段內追求目標的不同優先順序。當某些目標受強調而獲得更多資源及人力時，學校將因無力達成其他目標而承受更大壓力。這種無可避免的不平衡壓力，帶來校本改革的需要。根據學校效能的動態觀點，有效能的學校會追求動態學校發展及效能，校本改革是無可避免的。

校本改革含義

根據 Crandall、Eiseman 及 Louis（1986）的看法，學校改革分為「教學焦點改革」（Pedagogic Focus Change）及「組織焦點改革」（Organizational Focus Change）兩類，前者強調教室層面的改革，包括教室安排、教學過程及教學方法等。後者則以學校組織結構及過程為改革焦點，例如管理方式、權力層構、溝通渠道、決策方式及學校氣氛等。從以上討論，校本改革可以定義為一個過程，包括一套由學校成員主持有計畫的系統活動，改善學校教學及組織的過程，以解決學校的困境及問題，在個人、小組及學校層面上，可發揮最大運作效能（Cheng & Ng, 1991a; Levy, 1986）。

校本改革的複雜本質，可從三個不同的觀點來理解：科技觀點（Technological Perspective）、文化觀點（Cultural Perspective）及政治觀點（Political Perspective）（House, 1981）。

科技觀點

科技觀點，視組織改革為以理性分析為本的技術性工作。著重學校改革過程的科技方面，強調新科技與原來學校成員的配合。歸結校本改革成功關鍵，在於計畫有系統、目標清晰、資源足夠、對成果期望合理、工作分配適當、時間安排妥善及政策規則支持

等。這觀點假設人與組織皆理性，能透過資訊來處理變革的不確定性（Uncertainties），以理性模式（Rational Model）的角度來看組織改革（Organizational Change），關注改革的結果，視改革為追求效率及效能的途徑，也能透過系統方法及回饋來控制改革。總的來說，這觀點重視科技因素，例如改革模式（Change Models）、資訊體系（Information System）、計量及分析（Assessment and Analysis），及決策技術（Decision Techniques）對校本改革的貢獻（Attewell, 1992; Sankar, 1991; Gattiker, 1990; Noori, 1990）。

政治觀點

　　政治觀點認為，學校是由不同個體及興趣小組結盟而成，個人及小組間在價值、喜好、信念、資訊及對現實認知上，有著持續的差異（Bolman & Deal, 1991a）。學校資源經常不足，而差異卻長期存在，運作當中遇到矛盾衝突（Conflicts and Confrontations）在所難免。校本改革的發生，尤其組織方面，是對外界社會環境的改革壓力的回應，亦反映校內權力結構（Power Structure）改變，及不同小組運用各種手段爭取利益的現象。校本改革牽涉原有資源的重行分配，影響組織與這些群體的關係，結盟之間競逐難得的資源，衝突勢必難免。學校改革過程中，權力與政治活動，例如結盟（Alliance）、談判（Negotiation）、磋商（Bargaining）及運用手段取得職位等，都是影響改革成功的必要工具。結盟、衝突及競爭成為改革的主要成分。根據這觀點，領

導者應選擇適當的政治策略（Political Strategies），而為學校改革作出選擇，當以政治考慮為先，技術居次（Child, 1972）。由於牽涉變革的個人及小組間的權力關係，十分隱祕及不確定，全面理解及控制學校改革過程並不容易。校本改革目標，往往是成員之間、聯盟之間談判的互動結果，會隨著聯盟間權力均勢的移轉而改變（Blase, 1989, 1991; Greiner & Schein, 1989）。

文化觀點

文化觀點，認為在學校個人、小組或全校層面上，學校成員的外顯行為或表現，往往受制於學校文化，即學校成員間共有的價值（Values）、信念（Beliefs）、規範（Norms）及對教育、學校管理及生活的假設（Assumptions）所塑成（Cheng, 1989; Schein, 1992）。根據這觀點，校本改革不能單從變革過程的外顯表現、目標、程序及行為而理解，還要從隱藏的學校文化著手研究。成功的校本改革過程不僅牽涉表面行為，也牽涉學校成員的價值及信念。所以，校本管理能否成功實施不僅依賴技術改革，也依賴學校文化的相應改革。有些學者甚至建議，必先掌握現存的文化因素，校本改革才能成功（Hoy, 1994; Firestone & Corbett, 1988; House, 1981）。

這三種不同觀點各有強弱，反映出複雜的校本改革的不同方面。為取得較全面的觀點，須結合三個觀點來理解及管理校本改革的實踐。換句話說，我們關注校本改革的科技方面，也關注管理過程的政治動態及文化因素。

　　根據 Laughlin（1991）的分類，校本改革可分為兩類：學校科技改革（Technological Change）及學校文化改革（Cultural Change）。

科技改革

　　如第六章所論，學校科技是維持每天學校運作及達到學校目標的基本手段。用於學校的科技可分為學校管理科技、教學科技及學習科技，如圖 6.4 科技矩陣（Technological Matrix）所示。

　　管理科技包括策略管理過程所用的理論及技術，包括環境分析（Environmental Analysis）、計畫與結構（Planning and Structuring）、任用與導引（Staffing and Leading），及監察與評估（Monitoring and Evaluating）。教學科技包括課程編排（Curriculum Arrangement）、教學策略（Teaching Strategies）、教學方法（Teaching Methods）、教學媒體（Instructional Media）、教室管理（Classroom Management）及教育評鑑（Education Evaluation）。學習科技則指學習單元（Learning Unit）、學習組織（Organization of Learning）、學習活動（Learning Activities）、學習媒體（Learning Media）的運用。這三類科技同為協助教與學過程，須互相配合，始能產生良好的教育結果。教育改革改變一些管理、教學或學習科技的成分，使學校過程產生最大的教育結果。有些改革強調個人層面學習方法或工具的改進；有些則著重改變課室層面教學方法或學習課程的改變；而其他的則集中學校層面管理方式或計畫決策的改革。顯然，課程改革（第九章）就是其中一種科技改革。

第六章所論,影響校內學校過程的科技協調有兩種:科技類型間協調(表現在運作中互相支援的管理、教學及學習科技間協調);及科技類型內協調(表現在運作中彼此支援的任何類型成分間科技協調)。

根據協調概念,類型間及類型內協調愈大,則校內運作效能愈高。若科技方面有任何不協調,則需要管理、教學或學習的科技改革,確保達到這兩種協調,並能最有效運用管理、教學及學習科技(詳情見第六章)。

文化改革

根據 Laughlin(1991),外顯的科技改革,稱為第一級改革(First-Order Changes),一般而言較易成功、較易分析。隱藏的變革涉及學校文化,則較難做到且較難分析,可稱為第二級改革(Second-Order Changes)。科技改革若不涉及學校成員價值信念的相應改變,則往往流於表面,而改革效果若非無效,也是短期有限而已。所以,成功的校本改革須不獨帶來科技改革,也同時帶來文化改革,達到擬定目標及產生持久又有效的改進(Laughlin, 1991)。

正如第六章所述,學校文化是指成員間共有的、可以塑造學校成員外顯或內隱表現的共同規範、價值、信念及假設的體系(Cheng, 1993h; Schein, 1992)。圖 6.5 的學校文化矩陣所示,學校文化特徵可從三套價值信念——道德、教育及管理價值信念——表現出來。道德價值信念包括理論的(Theoretical)、經濟的

（Economic）、美學的（Aesthetic）、社會的（Social）、政治的（Political）及宗教的（Religious）等方面。管理價值信念包括人際關係（Human Relationship）、與環境的關係（Relationship to Environment）、普及性與專門性（Universalism vs. Particularism）、需要層次（Priority of Human Needs）、職業取向（Career-centred）、服務對象取向（Client-centred）、控制與自主（Control vs. Autonomy）、正規化與靈活性（Formalization vs. Flexibility）、中央化與參與性（Centralization vs. Participation）、隊工與個人責任（Teamwork vs. Individual Responsibility）、專業取向（Professional Orientation）及創新（Innovation）各方面對管理的假設。教育價值信念則包括有關教育目標（Education Aims）、課程（Curriculum）、教學方法（Pedagogic Methods）、學生角色（Role of Student）、教師角色（Role of Teacher），及教育成果的理想（Ideal of Educational Outcomes）各方面的價值信念。

根據學校過程協調原理，管理、教育、道德及公民責任各方面間價值信念是否協調，對學校表現和效能影響至大。如第六章所論，價值及信念的協調有兩種：類型間價值信念協調（所指是有關教育、管理及道德／公民責任不同價值信念間協調），及類型內價值信念協調（所指是同類型內價值信念的協調）。

學校文化發生任何不協調，則須進行學校文化改革，以求在管理上、教育上、道德及公民教育上確保這兩類的文化協調。

校本改革矩陣

　　校本改革可以是學校過程的一項改革，涉及不同層面（即個人、小組及學校）、不同學校成員（即校長、行政人員、教師及學生）及不同內容範疇（即情意、行為及認知）。借用第六章提出的學校過程矩陣的意念，本章提出校本改革矩陣，進一步理解學校的科技及文化改革。學校改革矩陣包括三向度：改革角色類別、改革層面，及改革範疇，如圖 10.1 所示（圖中箭頭的意思，本章稍後解釋）。

改革角色類別

　　校本改革角色有三類：改革推動者／實施者（Change Initiator/ Implementer）、改革支持者（Change Supporter），及改革接受者（Change Receiver/Target）。通常在學校，這三類角色人物是指校長、行政人員、教師及學生，他們在校本改革中扮演不同角色。傳統上，行政人員多扮演發動者或實施者角色，負責制訂改革的策略及方案，他們是改革管理及實施的領導。教師通常扮演支持者或接受者角色，參與改革過程，改變教學，例如應用新的教學技巧，改進課室管理及課程的新設計，增進學科知識及為學生發展更佳的學習環境。學生通常扮演改革接受者或改革得益者的角色，按照學校改革目標及內容，改進學習行為及經驗。顯然，這

是由上而下的學校改革。不過，教師也有可能是校本改革的發動
者，而行政人員理解改革性質及意義，成為改革的支持者，幫助
實施改革。此外，一些高、中院校，學生有時甚或扮演改革發動
者的角色，得到教師的支持，改變學校生活。不論誰擔當何種角
色，改革成功與否，三者表現同等重要。

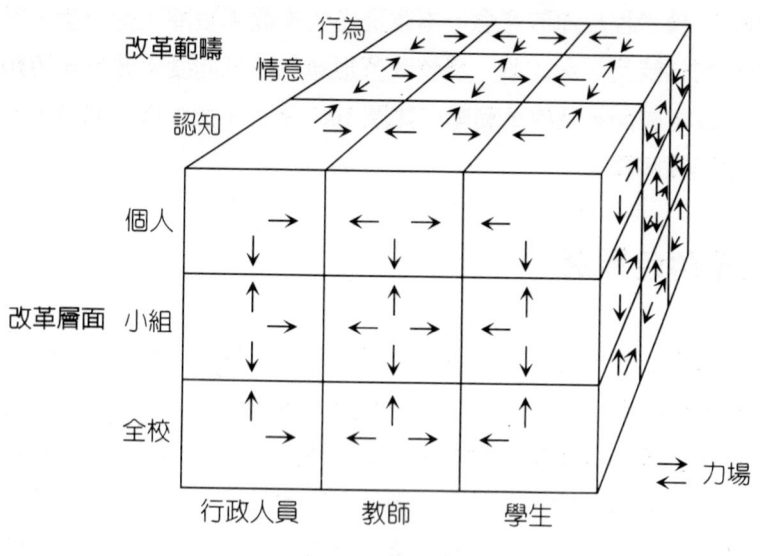

（改自 K. H. Ng & Y. C. Cheng, 1996）

圖 10.1　學校組織改革矩陣力場

改革層面

　　校本改革可在三個層面進行：個人、小組及學校層面。也就是說，改革推動者或改革接受者可以是學校個別成員、一組學校成員或全校成員。很多時候，校本改革是由校長或一位高級教職員推動（即是個人層面），而改革對象或接受者就是一組教師或學生。當然，由一組教職員發起，得到校長支持而推展到全校的校本改革的，也並不少見。校本改革不同層面裏，誰是改革的推動者、誰是支持者及誰是接受者，有不同的可能組合。表 10.1 總結出可能的組合，澄清改革角色分類及改革層面，並發展出適合策略管理校本改革的過程。

表 10.1　改革角色及改革層面的關係

角色	行政人員			教　師			學　生		
	個人	小組	全校	個人	小組	全校	個人	小組	全校
推動者									
支持者									
受變革者									

　　一般來說，三層面的改革同樣重要。僅在一個層面進行改革而忽略其他層面，幾乎不可能。所以，計畫校本改革，三層面間改革的相互影響都要重視，不能忽略這三個層面中的任何一環。

改革範疇

　　校本改革可發生在學校成員的三個不同範疇：認知範疇（Cognitive Domain）、情意範疇（Affective Domain）及行為範疇（Behavioral Domain）。學校成員的認知改革（Cognitive Change）往往是內隱的。獲取新的教育及管理價值信念，進一步理解教育發展，以及重新發現學校生活及教學活動的新意義，都屬認知改革。認知改革非常重要，是啟動、內化行為及情意改革的基礎。情意改革（Affective Change），是指組織成員的滿足感、投入感、動機及人際關係的改變。行為改革（Behavioral Change）是外顯的，著重組織成員的管理、教學、學習及社交互動行為的改變。一般來說，學校科技改革，與個人、小組及學校層面的學校成員行為改變有關。學校文化改革，則常在學校成員的認知及情意改變反映出來。所以，有關科技或文化改革，可以這個學校改革矩陣，從不同人物、範疇及層面進行討論。

改革力場矩陣

　　前文已論及，推動學校改革有不同的內、外因素。同時存在的還有抗阻力，以不同理由抗阻學校任何改革（Cheng & Ng, 1991a）。一般來說，實施校本改革之先，須分析潛在的推動力（Driving Force）及抗阻力（Restraining Forces）。如圖 10.2 所

示，潛在的推動力及抗阻力反方向作用，形成力場（Force Field）。

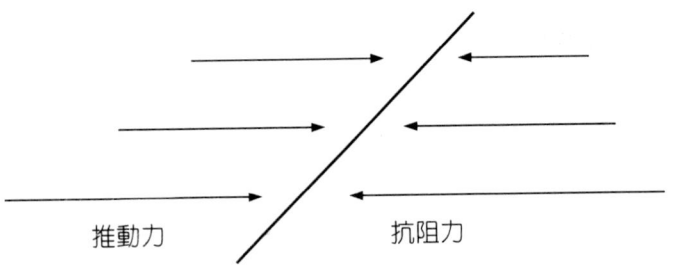

圖 10.2　學校改革力場

　　假若推動力與約束抗阻力相等，情況是兩者處於均勢，學校改革發動者須增強推動力，以開始校本改革。若推動力大於抗阻力，則校本改革將會開始。相反，若推動力少於抗阻力，則改革發動者須考慮以下的決定：

- 放棄改革；
- 增強推動力；
- 減弱抗阻力；
- 轉化抗阻力為推動力（即改變抗阻力的方向）。

　　當然，這些選擇因應校本改革實施情境，須付出不同代價。所以，計畫校本改革時，須仔細分析力場、提供的選擇及相關成本。

　　根據校本改革矩陣，可提出一個力場矩陣，分析潛在的推動力及抗阻力，尤其是如圖 10.1 所示的校本改革情境。圖中箭頭代表潛在推動力及抗阻力存在於不同人物、層面及範疇之間。

在力場矩陣中，單位（Cells）間有推動力及抗阻力。此外，管理校本改革還須分析三種基本力場，就是角色層塊間力場、層面層塊間力場及範疇層塊間力場（見圖 10.1）。

角色層塊間力場

校內不同人物間有利益、角色、價值信念及觀點上的不同，當這些差異變得表面化，便引起角色間力量的角力。如第六章所論，矩陣可分為行政人員層塊、教師層塊及學生層塊。層塊間有由推動力及抗阻力形成的力場。舉例來說，若學校行政人員推動改革，而受影響的教師及學生不接受，便出現來自行政人員層塊的推動力與來自教師及學生層塊的抗阻力，相對抗的局面。相反地，若教師發起學校改革，而行政人員及學生抗拒，推動力來自教師層塊，而阻力則來自行政人員層塊及學生層塊。當然，最樂觀的情況就是，無論哪方發起學校改革，來自三層塊的力都是推動力。

層面層塊間力場

根據政治觀點，校本改革可能引起個人與小組間的矛盾衝突，因為改革難免影響資源分配及成員的利益。引起的衝突也可能存在於個人與小組間、個人與整體學校間及小組與學校間。如圖 6.3 所示，改革矩陣可分為個人層塊、小組層塊及學校層塊。於是，學校改革時，這三層塊間也存在著力場。

範疇層塊間力場

很多人認為人的認知、情意及行為須有統一性，事實卻未必如此。人的行為未必反映所想所感。五十年代後期，Festinger 提出認知失調理論（Cognitive Dissonance Theory），說明這種不統一使人產生的心理問題（Robbins, 1993）。面對校本改革，學校成員對改革的認知、態度及行為未必統一，導致這三方面的改革也不統一。

同樣，學校改革矩陣可分為三層塊：情意層塊、行為層塊及認知層塊。由於學校成員對校本改革，在情意、行為及認知上有潛在的不一致，這三層塊間便會產生力場（見圖 10.1），其中有改革推動力，也有改革抗阻力。舉例來說，教師理智上知道校本改革的意義，在情緒上卻對變革有不安而抗拒，於是，在行動上既要參與，心裏卻想延緩推行。這種矛盾是很普遍的。

對於上述的力場，要先分析是發生在角色層塊間、層面層塊間還是在範疇層塊間，然後計畫改革策略。若是抗阻力大於推動力，校本改革便會失敗。如前文所論，改革的成功（若不放棄），可行方法有三：(1)增強改革推動力，(2)減弱或除去抗阻力，及(3)改變抗阻力方向，使轉化為推動力。雖然藉增加推動力以推動改革的理由至為明顯，不過，事實上大部分的文獻都集中於如何消減抗阻力及控制其方向這兩方面（Corbett, Firestone & Rossman, 1987）。理由有二：第一，發展新技術或改變組織結構，以增強推動力，成本太高；第二，片面加大推動力的同時，可能刺

激抗阻力相應增大，抵消了輸入的效果。所以，為了改革成功，計畫任何改革策略之先，必須辨認潛在的推動力及抗阻力，分析及理解力場特徵。本章力場的矩陣提供分析的全面架構。

教職員發展與校本改革

　　如前文所論，學校科技及文化改革的成功，與學校成員之情意、行為及認知改革關係密切。此外，根據力場矩陣，有必要增強推動力及減弱（或改變方向）不同層塊間的抗阻力，以開始學校改革及達到目標。樂觀情況是，所有矩陣的力都是支持改革的推動力。如何增強推動力，減低抗阻力及轉變抗阻力為推動力，在校本改革管理上是關鍵問題。第八章校本教職員發展的理念，應有助回答這問題。

　　不少學者認為教職員發展是準備及實施學校科技及文化改革的重要手段（Fullan & Hargreaves, 1992; Hargreaves, 1994）。第八章提出了理解及實施教職員發展的矩陣理論。協調原理及層塊發展循環意念，可作為有效能校本改革，而進行教職員發展活動的指引。

　　根據協調原理，借助教職員發展，推行校本改革，仍會受改革及發展的兩種協調影響：矩陣內協調（Within-Matrix Congruence）及矩陣間協調（Between-Matrix Congruence）（見圖10.3）。

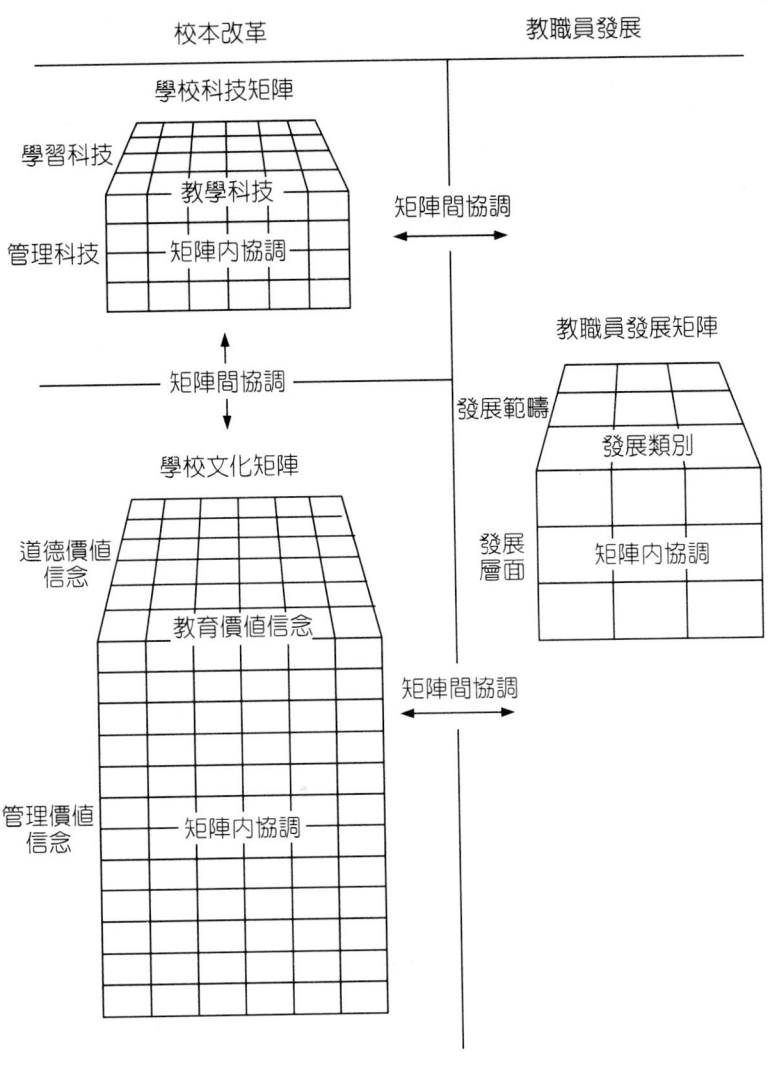

圖 10.3　校本改革與教職員發展

　　矩陣內協調是指矩陣每向度成分（Components of One Dimension）間彼此統一及支持（即類型內協調），及／或矩陣向度（Dimensions）間互相統一及支持（即類型間協調）。學校科技矩陣（圖6.4）裏，矩陣內協調代表以下的彼此支持及統一：(1)學習、教學及管理科技間協調，及(2)學習科技（例如學習單元、學習組織、學習方法／活動及學習媒體）、教學科技（例如課程編排、教學策略、教學方法、教學媒體、課室管理及評估）或管理科技（例如環境分析、計畫及結構，聘請員工及指揮，監察及評估）上不同成分間協調。學校文化矩陣裏（圖6.5），矩陣內協調代表道德、教育及管理間的價值信念彼此統一及強化；也在成員間道德（理論、經濟等方面）、教育（教育目標、課程、教學法等）或管理（人性、管理、人際關係、與環境關係等）上的價值信念彼此統一及強化。在教職員發展矩陣（圖8.1），矩陣內協調主要指人物（行政人員、教師及學生）、層面（個人、小組或學校層面）或範疇（情意、行為及認知）間的成分彼此統一及強化。

　　矩陣間協調是指科技矩陣、學校文化矩陣及教職員發展矩陣間整體的互相統一及支持。從協調概念可引伸出以下的命題，預測校本改革效能及與教職員發展的關係：

　1. 校本改革效能受科技改革及文化矩陣內協調所影響：

　　(1)科技改革矩陣內協調愈強，校本改革效能愈高。

　　　　這命題意思是，為了從學習的任何科技改變獲得最大效益，必須思考現有的教學及管理科技是否也有必要改革，以支持學習科技改革。另一方面，若要引進管理的科技改革，要考慮改革是否助長還是阻礙教與學的改

進。一般來說，計畫科技改革時，我們鼓勵學習、教學
及管理間彼此支持。

(2)**文化改革矩陣內協調愈強，校本改革效能則愈高。**

這命題的意思是，為使計畫的學校道德公民價值信
念改革或發展最有效果，須決定現有教育過程及管理的
價值信念，與這改革是否一致，是否也要改革。這些價
值信念間的不統一，將使學校文化改革變為無效。

2.校本改革效能受科技改革、文化改革及教職員發展矩陣間
協調所影響：

(1)**科技改革與文化改革間協調愈強，校本改革效能愈高。**

這命題意思是，學校改革計畫需有科技及文化改革
間的互相支持，以達到長遠效果及產生最大影響。

(2)**教職員發展與科技改革間協調愈強，校本改革效能愈高。**

(3)**教職員發展與文化改革間協調愈強，校本改革效能愈高。**

科技及文化改革，祇有學校成員可以實現。科技及
文化矩陣內協調及科技與文化矩陣間協調，可透過教職
員發展達到。所以，現行的教職員發展實踐，能否滿足
計畫中科技或文化的改革所需，是校本改革的關鍵問題。
命題(1)及(2)建議，教職員發展實踐，須為加強科技、文
化改革矩陣內協調及科技、文化改革矩陣間協調而設計，
方可使校本改革發揮最大效能。

3.教職員發展效能受角色、範疇及層面矩陣內協調所影響。

(1)**角色、範疇及層面間協調愈高，教職員發展效能愈高。**

如第八章所述，行政人員、教師及學生間，情意、行為及認

知範疇間，個人、小組及學校層面間的發展活動協調，是教職員發展效能的關鍵因素。矩陣內協調程度也反映學校文化的強弱，因為文化反映不同層面的學校成員行為、情意及認知的一致取向。第八章也作出這樣的建議：設立不同層面間的教職員發展循環，須以助長及管理教職員發展以達到校本管理效能為目的。教職員發展過程或教職員發展循環裏，矩陣層塊間或單位（cell）間改革力場，可從加強推動力及減少或轉移抗阻力而重塑。從第七章所論，領導須被視為教職員發展及校本改革的關鍵推動力（有關領導詳情，請看第七章）。

協調理論提供全面架構，理解校本改革及教職員發展的複雜性，並加以管理。為提高校本改革效能，教職員發展的設計及實施，須注意以下各項的最大發揮：

- 角色、範疇及層面間矩陣內協調；
- 科技改革及文化改革的矩陣內協調；
- 教職員發展、科技改革及文化改革的矩陣間協調。

校本改革的策略及技術

介紹校本改革基本概念後，落到實際方面。校本改革之成敗，取決於實際策略及技術。

校本管理機制

　　第六章提出的校本管理機制，是持續學校發展及改革的基本機制，這是要明確指出的。其多層面自我管理系統，包括學校、小組及個人層面的計畫、實施、監察及評估各階段。這系統提供一個循環過程給全校、小組及個人學習、發展及改革（第五章）。校本管理機制內，校本改革並非突然而來、不必要或多餘的，而是學校發展計畫或學校自我管理過程的自然產物，關係學校長遠發展及效能。所以校本改革應納入學校規畫或課程／方案規畫內，以支持達成學校目標。簡言之，校本改革應由校本管理機制啟動、規畫及管理。

改革力場之分析

　　如前所論，計畫校本改革須理解及分析改革的力場。根據力場矩陣而設計的表解，有助分析推動力或抗阻力。在此列出潛在的主要推動力，按其對校本改革之重要性順序排列，如表 10.2 中的 A 表。然後從有關角色（即校長／行政人員、教師及學生）、層面（即個人、小組及學校）及範疇（即情意、行為及認知）分析每個主要推動力的本質及來源。根據分析所得，可找出增強每個主要推動力之可行方法。有些推動力容易找到並能有效實施，但對於其他推動力，則未必容易找到及有效推行。所以，可根據增強推動方法獲得的難易及有效程度，順序排列這些潛在的推動

力，如表 10.2 的 B 表。通常，我們沒有足夠資源可以同時增強所有推動力。所以，我們可根據重要性的次序及方法獲得的難易，計畫資源及策略的運用。

表 10.2　推動力分析

潛在推動力類型及其重要性	來　源			增強推動力方法
	角色（行政人員／教師／學生）	層面（個人／小組／學校）	範疇（情意／行為／認知）	
重要性排列A 表				可獲得性排列B 表
1.				
2.				
3.				
4.				
5.				
6.				
7.				
8.				

　　同樣對於抗阻力，可根據其可導致校本改革失敗的重要程度，順序列舉潛在的主要抗阻力於表 10.3 的 A 表。然後從人物、層面及範疇分析這些抗阻力的本質及特徵。再根據這些分析，找出減弱或轉向成為推動力的方法。根據有關方法獲得的難易及效率程度，可以順序排列這些主要抗阻力，在表 10.3 的 B 表。然後按重

要性次序及可行方法的次序，計畫管理主要抗阻力的資源及策略。

　　要決定應否實施校本改革，須先比較推動力與抗阻力的分析結果，估計可否獲得足夠推動力，把抗阻力減至最低，而以合理成本效益，成功實施校本改革。Sergiovanni（1984, ch.7）以量化方法詳述一例，比較推動力與抗阻力。對量化分析有興趣者可參閱原文。

表 10.3　抗阻力分析

潛在抗阻力類型及其重要性	來　源			減少抗阻力方法
	角色（行政人員／教師／學生）	層面（個人／小組／學校）	範疇（情意／行為／認知）	
重要性排列 A 表				可獲得性排列 B 表
1.				
2.				
3.				
4.				
5.				
6.				
7.				
8.				

校本改革階段

基於人類行為改變模式（例如 Lewin, 1952; Schermerhorn et al., 1982），校本改革過程可分為三階段：準備、改革及再穩定階段，見表 10.4。

表 10.4　校本改革階段

準備階段	改革階段	再穩定階段
• 辨認、建立及宣傳改革的需要 • 透過校本機制，計畫改革目標及政策 • 分析力場及發展策略 • 增強推動力 • 減弱抗阻力 • 藉教職員發展讓有關成員作好心理（即認知及情意）及技術上的準備 • 準備改革所需的資源	• 在管理／教學／學習實施科技改革 • 實施在管理／教育／道德公民方面，有關價值信念之文化改革 • 對有關成員個人／小組／學校層面的情意、行為及認知方面，作出改變行動 • 監察改革過程及確保向目標進展 • 澄清焦慮的心理及技術不明朗因素，減低對改革的潛在損害 • 學習新意念及技術，發展新目標	• 辨認改革的外顯及內在優點 • 找出並除去不利的效應 • 估計改革之各類代價 • 評估改革效能 • 推薦做以後改革參考 • 修正有關的科技改革 • 將成功的科技改革制度化 • 將成功的文化改革內化 • 澄清因失敗經驗而生的不明朗情況及困惑，鼓勵持續學習

準備階段

　　目的是為校本改革準備較好的環境。如前文所論，由於校內、外壓力增加，學校須為生存及長遠發展作出改變，適應挑戰。可是，學校成員日常的工作已是沉重負擔，也習慣了現行的做法及程序，對內、外挑戰帶來的衝擊未必察覺，因而忽視學校改革的需要。所以，在準備階段（Preparation Stage）或解凍階段（Unfreezing Stage），校本改革推動者須幫助學校成員辨認及理解改革的需要，然後在學校計畫或行動方案計畫裏，確立有此需要。為了營造更好的改革氣氛，須向有關成員宣傳校本改革的意義及可能的做法。

　　校本管理機制的環境分析及發展計畫，對提高需要改革的意識，計畫改革的目標會有所幫助（第五、六章）。力場矩陣概念可用來分析改革形勢。改革推動者根據這分析，發展策略增強潛在推動力，盡量減低抗阻力。在這階段，推動者須透過教職員發展，幫助有關成員作好心理上（即認知及情意上）及技術上的準備。換句話說，學校成員須作好準備，理解改革的本質及意義，願意及肯承擔改革，並具備實施所需的才能。同時，推動者須準備改革所需的資源。

改革階段

　　經過準備階段，計畫好的校本改革便可實施，進入改革階段

（Changing Stage），包括

- 實施計畫好的管理、教學及／或學習科技的改革；
- 實施計畫好的文化改革，在管理、教育、道德公民的價值、信念方面上改變；
- 改變個人、小組及學校層面有關人物（例如校長／行政人員、教師、學生，甚至家長）的情意、行為及認知；
- 監察改革過程，並確保進度向著既定目標；
- 澄清焦慮的心理及技術上不明朗因素或情況，減低對改革的潛在破壞；
- 若有需要，在過程中鼓勵成員繼續學習新意念、新技術，發展新目標。

再穩定階段

改革階段後，改革推動者會再穩定改革的正面結果，目的是盡量發揮從校本改革取得的所有優勢，使正面效果得以持久。當然，在這再穩定階段（Refreezing Stage）除去潛在的副作用也是重要的。這階段通常包括以下的重要工作：

- 找出及確定所有從校本改革而來的重要、外顯及內在、計畫內及預計外的優勢；
- 找出對學校或成員在不同方面的可能不利影響，並盡快除去；
- 估計在改革過程中，付出金錢及非金錢的代價；
- 透過成績與設定目標的比較、透過所得的利益與不利情況

及代價的比較，來評估改革的效能；

- 根據上述評估分析，為進一步行動作出建議；
- 根據上述評估及分析，在有關的科技改革作出修正（若有需要）；
- 將成功的科技改革及相關經驗制度化，使優勢持久，惠及往後更多人；
- 透過反思成功經驗、討論困難及解決方法、提供內在外在回報、以典禮或儀式慶祝成功及提出改革意義的遠見等，在學校成員間將成功的文化改革內化；
- 澄清因不成功經驗帶來的不明朗因素及困惑，鼓勵持續學習及發展。

若要從改革獲得最大而持久的好處，盡量減低不利的效應，則校本改革實施之三個階段同樣重要，不能重此輕彼。表 10.4 提供一個有用的架構，管理校本改革過程的三個階段。

改革策略

要有效推行學校改革及創新，運用合適改革策略（Change Strategies）是必需而重要的。基於 Whiteside（1978）、Schermerhorn、Hunt 與 Osborn（1982），及 Bennis、Benne、Chin 與 Corey（1969）的看法，校本改革實施策略可分為三類：**力量－強制策略**（Force-Coercive Strategy）、**實徵－理性策略**（Empirical-Rational Strategy）及**規範－再教育策略**（Normative-Reeducative

Strategy）。這些策略的力量基礎、人性假設、改革焦點、管理行為及預期產出／物各方面的特徵，將如表 10.5 所示。

表 10.5　不同改革策略特徵

改革策略	力量基礎	人性假設	變革焦點	管理行為	改革產出	強／弱
力量—強制	• 獎賞 • 懲罰 • 法理	• 經濟人	• 外在 • 行為	• 命令 • 由上而下	• 暫時性 • 服從	• 快 • 不太昂貴 • 短期效果
實徵—理性	• 專家	• 理性人	• 內在 • 認知	• 理性說服 • 專家驗證 • 示範	• 長期內化	• 緩慢 • 昂貴 • 費時 • 長期效果
規範— 再教育	• 參照	• 合作者 • 夥伴	• 內在 • 情意	• 合作 • 夥伴 • 小組過程	• 長期內化	• 緩慢 • 費時 • 長期效果

　　力量－強制策略，運用法理權（Legal Power）及獎懲權（Reward Power or Coercion Power）作為力量基礎，推動校本改革。假設學校成員人性為經濟人（Economic Person），改革焦點在外顯行為或外在結構（External Structures），改革管理主要採用由上而下方法，依從改革推動者權力或命令而行，則對簡單短期的科技改革或有成效，要產生長遠的文化改革則未必有效。

　　實徵－理性策略，假設學校成員為理性人（Rational Person）。主要利用專家權（Expert Power）推動校本改革，焦點集中學校成員的內在認知改變（Cognitive Change）。改革管理強調運用理性說服、專家驗證及實徵示範，顯出學校改革的功能價值，

動員人們的支持。若改革成功，其效果將會內化而維持一段長的時期。這策略適用於學校的文化及科技的改革。

規範－再教育策略，假設學校成員在學校運作上，是夥伴或合作者。推動校本改革的力量基礎，主要是參照權（Reference Power）或改革者的個人影響力。改革焦點在成員的內在情意改變（Affective Change）。團體規範、學校使命、教育理想及對學校的共同價值信念，對支持改革都很重要。改革的管理，鼓勵參與決策及計畫改革。合夥及小組過程對改革實施是重要的，由於成員全然參與及投入，改革效果或結果可在成員間內化及持久化。這策略尤其適用於文化改革。

以上三種策略各有強項、各有限制。力量－強制策略適用於快而短期的科技改革，不適用於長遠的文化改革；規範－再教育策略則適用於長遠的文化改革，但過程需時頗長而效果緩慢；實徵－理性策略對科技及文化改革均適用，但過程則長而昂貴。通常按校本改革目的及情境，而選擇改革策略。改革過程的不同階段也會用上不同的策略。若有需要，可用三種策略。

改革技巧

以上的策略是校本改革的一些指引，實踐時還須運用各樣的改革技巧（Change Techniques）。不少學者曾提出不同實施組織改革的技巧。Dunham 和 Pierce（1989, pp.730-4）的七種技巧，如表 10.6 所示，有助實施校本改革：

表 10.6　各種改革技巧的優點、缺點及適用的情境

技　巧	優　點	缺　點	適用的情境
教育及溝通	員工經說服後，往往能支持改革的執行。	需要較長時間及較高成本。	有關改革的資料能除去因資料不足和誤解所引致的恐懼和不安。
參與及投入	員工提供的資料十分有價值，往往得到員工的支持。	所需時間十分長，若員工只能提供較差的提議而又不被接納，將產生不滿。	改革倡導者需要收集有關資料及預期遭遇到較大的員工阻力。
操作支持	能擔保改革順利執行。	所需的時間較長，成本較高，作為提供訓練與物資的支援。	當員工缺乏有關改革的資源及技術時。
情感支持	成本相對較低，解決個人適應的問題。	較難有系統地進行，所費的金錢和時間未必真能解決問題。	當員工對改革所帶來的影響感到不安及認為對個人利益帶來損失時。
提供誘因	往往能在大問題發生前將它解決。	成本較高及鼓勵員工以阻力形式來換取補償。	當有關員工將會阻礙改革，除非他獲得利益時。
操縱及委任	成本低及收效快。	破壞員工對管理層的信任。	當改革非進行不可及其他技巧無效或成本十分高時。
強制	往往是最快收效的方法：壓抑抵抗。	減少員工的滿足感，減弱其他技巧的效果。	當改革需要在短時間內進行及改革的倡導者擁有比抗拒者更大的權力時。

教育及溝通（Education and Communication）

　　當知識可幫助舒緩由於對校本改革認識不正確或不足而引起的害怕時，適宜採用教育及溝通技巧。主要目的是提供教職員相關的資料及幫助他們明白改革的意義及好處，減低他們的誤會及澄清不必要的不明朗因素及焦慮，增加他們的信任及贏取他們的支持。通常經說服後，學校成員都是願意協助實施改革的。這技巧的缺點就是太費時及昂貴。

參與及投入（Participation and Involvement）

　　當改革推動者須從其他學校成員取得資料設計校本改革，或當抗阻改革的可能性高的時候，就適用這技巧。這技巧的目的就是鼓勵教職員參與投入計畫改革，改進決策的素質及提高他們對改革實施的接受程度及投入感。這技巧的限制就是需要很長的時間。

操作上的支持（Facilitative Support）

　　提供技術支持，能幫助員工面對及實施改革，如技術訓練、提供工具及專業意見。當學校成員缺乏所需技術或工具，以有效實施改革時，最適宜採用這技巧，可以增加成功的機會。當然，材料及訓練課程需要時間及金錢。

情感上的支持（Emotional Support）

為有關成員提供情感上的支持，以減低他們面對改革而產生的不安情緒。這技巧花費上比較合宜，又是幫助情緒適應有問題員工的好方法。這技巧通常不以系統形式進行，所以未必很有效。

誘因（Incentives）

員工面對轉變時最關心的是他們個人的得失，因此改革推動者應強調，改革帶來的個人或整體利益，或因轉變而蒙受損失的補償。當成員抗拒改革，除非是對他們有利的時候，否則這技巧會有用。這技巧可在主要抗拒力量未壯大時將之除掉。不過，這樣做非常昂貴，也會鼓勵員工爭取更多補償，而引起更多抗阻。

操縱及委任（Manipulation and Co-optation）

當校本改革必須推行，而所有其他技巧均無效或太昂貴的話，就要採用操縱及委任這技巧了。操縱包括了有系統地控制及修改向員工提供的資料，使員工接收有利於改革的訊息而支持改革。委任是使員工感到有份參與有關之改革決定，其實改革負責人對他們的意見並非很重視。這技巧快見效而不需實質花費，但這做法有不道德之嫌疑，會破壞學校成員對改革者的信任。

強制（Coercion）

改革負責人透過公開聲明，讓學校成員知道不服從或抵抗改革的一些負面後果，如失去工作或升遷的機會等。當學校改革必須進行而改革負責人的權力遠超過對抗者時，便可採用這技巧。這是壓抑對抗、實施改革的最快方法，但會減低成員的滿足感，增加他們的怨恨。

以上的技巧各有優劣。應用程度因學校改革情境及目標而有所不同，通常結合使用比單獨使用好。技巧的選擇及應用可與改革策略及改革階段一併考慮。通常，強調強制、操控及委任及誘因的技巧，與力量—強制策略較一致；操作支持及教育溝通技巧與實徵—理性策略一致；至於情感支持、參與投入及教育溝通，則與規範—再教育策略一致。

表 10.7 提供簡單架構幫助選取改革技巧及策略。首先按準備、改革及再穩定階段，排列預期的結果或目標的優先順序。然後針對成功達到改革每階段預期目標，按其重要性列出可能遇到的重要困難、抗阻力及關注點。同時列出所需及現有的資源及支援。根據預期目標、可能遇見的困難及資源多寡，設計改革策略及技巧的組合，達到校本改革每階段的預期目標。

校本改革對學校效能和發展是必需的。本章提出矩陣理念，以理解及分析校本改革的複雜本質。校本教職員發展該是達到有效校本改革的主要途徑。協調原理對指導實踐校本改革及教職員

發展，提供重要的指引。基本上，校本管理機制為長遠效能，提供推動持續學校發展及改革的機制。

表 10.7 校本改革策略及技巧之選擇

	改革階段	準備階段	再穩定階段
預期結果或目標	1. 2. 3. ...	1. 2. 3. ...	1. 2. 3. ...
可能困難	1. 2. 3. ...	1. 2. 3. ...	1. 2. 3. ...
所需資源	1. 2. 3. ...	1. 2. 3. ...	1. 2. 3. ...
現有資源	1. 2. 3. ...	1. 2. 3. ...	1. 2. 3. ...
策略	1. 2. 3.	1. 2. 3.	1. 2. 3.
技巧	1. 2. 3. 4. 5. 6. 7、	1. 2. 3. 4. 5. 6. 7.	1. 2. 3. 4. 5. 6. 7.

　　改革力場分析，是有效管理學校改革必需的。本章的力場矩陣提供分析的全面觀點。學校改革是動態過程，把這過程分為準備階段、改革階段及再穩定階段，有助於構思管理的策略及技巧。透徹理解改革之不同策略及技巧，對實施校本改革至為重要。

第十一章

結論

本書的概念及理論提供了一個新觀點，理解學校效能及校本管理的複雜本質。校本管理機制理論，整合了近期研究及實踐的發展，提供了一個全面架構，以動態方式重構理念及管理學校內部過程、學校發展及學校效能。這些理念對往後學校效能及校本管理的研究啟示良多。一方面，本書的理念及理論，創造新的發展機會及可能性，以支持現行及將來的學校改革；另一方面，也需要繼續研究，進一步發展這些理論，貢獻學校發展及教育效能的現行工作，並增進我們對學校效能及校本管理的認識。

學校效能研究

如第一章所論，傳統的學校效能研究，常基於學校功能的簡單化概念，尤其集中個人層面及機構層面的技術及社會功能方面。不同學校成員對學校效能的不同期望所造成的潛在困境往往受到忽視。有關學校效能類型間與層面間之正面關係，或效能與效率間的正面關係假設，實在存在著不少問題。總而言之，簡單化的學校效能理念，大大限制了學校的發展。

未來的研究，須著重學校效能的多元性及複雜性，並須從短期及長期方面，思考較大幅度的學校效能。由於學校有多元功能，而不同層面成員也有不同期望，在努力爭取最大學校效能的同時，難免陷入進退兩難的困境。所以研究有關困境是非常重要的。為探討學校效能的複雜本質，應鼓勵跨學科的研究（Inter-disciplinary Research），而重點則應包括多層面多元類型的效能、類型間關

係、層面間關係及效能與效率間關係。如第一章所建議，我們需
要一個全面的理論，解釋不同類型的學校效能間關係。基於這個
理論，對於如何確保不同類型學校效能間的協調、如何提高五個
層面五種學校效能、如何走出不同成員的不同期望帶來的困境，
將有較多的認識。

　　第二章學校效能的八個模式，提供了解釋、管理及評估學校
效能的不同方法。如果我們想應用這些模式管理學校效能，及將
之發揮，這八個模式對不同層面不同類型學校效能的貢獻，將是
往後研究的重要範疇。八個模式中，以組織學習模式及全素質管
理模式較受關注，以其較全面，並與學校效能動態觀點一致。模
式與分類協調概念及協調原理均可作為研究的理念。

校本管理研究

　　傳統上校本管理研究只著重權力下放到學校層面，又假設學
校層面決策能產生明顯的學校效能效果，是有效校本管理的關鍵
元素。傳統校本管理理念簡單化且狹窄，往往忽略學校自我管理
的多層面性質，實施起來不是問題多多，就是過於受限制，難以
成功。校本管理的成效會因而受到一些學者的挑戰，也不足為奇。

　　顯然，進一步發展校本管理的理論基礎，以明確解釋學校表
現與教育結果如何關係密切，有其迫切性。第五、六章提出初步
理論架構，研究校本管理理論。下面列舉往後研究的重要方向：

　　• 第四章提出了殊途同歸原理、權力下放原理、自我管理系

統原理及人主動性原理，作為校本管理基本原理。往後的研究，可測試這些原理的重要性，或以之觀察及評估世界各地各類現行校本管理運動的設計、實施及結果。

- 第四章提出的校本管理特徵，可作為校本運作的全面剖析圖。這剖析圖可以實徵研究，再測試進一步發展。往後研究，也可加強不同特徵間之理論關係。

- 學校多層面自我管理是校本管理成功實施的重要概念。忽視小組自我管理及個人自我管理，可能是校本管理改革不能改進學校表現的原因。第五章說明的多層面自我管理架構可提供重要研究課題，供往後研究探討。每個自我管理層面的理論基礎，可透過跨學科研究而深化，包括社會學、心理學、經濟及組織理論。學校自我管理、小組自我管理及個人自我管理間關係或相互影響，是研究的重要範疇，而成功實施多層面自我管理的條件，當然也是研究的重要焦點之一。

- 循第五章之理念，借助學校效能八個模式或學校效能動態觀點，可進一步探討及建立校本管理、多層面自我管理、策略管理或管理計畫對學校效能的貢獻。

校本管理機制的研究

校本管理機制理論，可帶出很多對往後研究有用有趣的啟示。層塊管理、層塊協調、管理及教學的科技協調，以及教育、管理、

道德公民的文化協調等概念，帶出另一類理念，以思考學校內部過程與學校效能關係的研究。其中對學校領導、教職員發展、課程改革及學校改革研究的啟示尤為重要。

校本管理機制裏，學校領導與傳統做法全然不同。層塊領導該是重要研究焦點之一。層塊領導本質，包括在個人、小組及學校層面的情意、行為及認知範疇，可用以整合近期有關領導的文獻，使進一步發展。校本管理的層塊領導特徵及表現，可作實徵研究。至於層塊領導對不同層面、不同情境的學校文化、學校發展及學校效能的貢獻，以後可再作研究。第七章把學校領導及學校有關人士的意義擴大了。領導層塊及有關人士矩陣間關係或互動過程，也是研究的一大範疇。

研究的另一重要課題就是策略管理。策略領導的領導特性，其結構、人際、政治、文化及教育領導五向度，既為實踐提供了全面的指引，也為研究校本管理領導提供一個架構。學校效能模式不同，領導角色也不同。循第七章建議，仔細探討學校領導角色與學校效能模式的關係，有助效能領導的發展。

成功實施校本管理，需要校本教職員發展的新概念。第八章的矩陣理念，為研究教職員發展提供不少有趣的啟示。教職員發展的多元範疇（即情意、行為及認知）及多元層面（即個人、小組及學校），擴張了研究的觀點及範圍。教職員發展協調原理、不同層塊的教職員發展循環，以及確保教職員發展層塊協調的方法，都是往後研究的重要課題。

傳統上，研究課程改革多著重科技方面，忽略學校組織情境對成功實施的重要性。無可避免，這類研究被狹窄及過於簡單化

的理念所害，大大限制了研究結果及理論建立。

　　基於校本管理機制，校本課程改革管理與傳統也有分別。多層面組織模式、課程改革與教職員發展間動態關係，以及學校管理及課程發展的整合，為學校及課程的管理提供了更豐厚的研究基礎。

　　如何成功實施學校改革，是目前教育改革及學校重構運動的一項主題。可是由於對學校改革的複雜本質理解不足，很多國家在改革時，所付出的鉅大努力遭遇到無情的失敗。舉例來說，儘管校本管理有利於學校持續發展及長遠效能，學校由外控管理轉變為校本管理卻非易事。所以須有學校改革研究，以理解學校改革本質及發展管理的策略。與現行大規模學校教育改革相比，我們現時對學校改革的認識，實在是微不足道。

　　第十章提供理解校本改革的全面架構。科技改革及文化改革矩陣理念，概括出進行研究須著重的一些重要元素。再者，提出的力場矩陣，該是理解改革動力、分析不同層面、不同改革角色、不同範疇的推動力及抗阻力的有力工具。層塊間力場，尤其是研究學校改革的關鍵概念。第十章發展出來的協調理論，預測科技改革、文化改革及教職員發展矩陣間關係，可為往後校本改革研究提供不少課題。

　　顯然，本書帶給往後研究的啟示，只是其中一部分的可能性及機會。全球教育改革及學校重整運動，由學校改進轉而到學校發展、從教育數量轉而到教育素質、從學校維持轉而到學校效能、從應用簡單化技術轉而到精鍊的科技，深信必為研究及發展創出無限機會。

　　深盼本書能對有志於教育改革的人士，對校本管理及學校效能有興趣者，有所裨益。

參考文獻

Achilles, C. M. (1987). A vision for better schools. In W. Greenfield (Ed.), *Instructional leadership: Concepts, issues, and controversies.* Boston, MA: Allyn & Bacon.

Advisory Committee on Implementation of Target Orientation Curriculum. (1994). *Report on the implementation of TOC.* Hong Kong: The Government Printer.

Alderfer, C. P. (1972). *Existence, relatedness, and growth: Human needs in organizational settings.* New York: Free Press.

Allport, G. W., Vernon, P. E., & Lindzey, G. (1960). *Study of Values* (3rd ed., Manual and test booklet). Boston, MA: Houghton Mifflin.

Alvesson, M. (1987). Organizations, culture, and ideology. *International Studies of Management and Organizations, 17*(3), 4-18.

Apple, M. (1982). *Cultural and economic reproduction in education.* London: Roultedge and Kegan Paul.

Arends, R., Hesh, R., & Turner, T. (1980). *Conditions for promoting effective staff development.* Washington, DC: Eric Clearinghouse on Teacher Education (SP-015-396).

Argyris, C. (1982). *Reasoning, learning and action.* San Francisco, CA: Jossey-Bass.

Argyris, C., & Schön, D. A. (1974). *Theory in practice: Increasing professional effectiveness.* San Francisco, CA: Jossey-Bass.

Argyris, C., & Schön, D. A. (1978). *Organizational learning.* Reading, MA: Addison-Wesley.

Arnott, M., Bullock, A., & Tomas, H. (1992). *The impact of local management on schools: A source book.* Birmingham, UK: School of Education, The University of Birmingham.

Attewell, P. (1992). Technology diffusion and organization learning: The case of business computing. *Organization Science, 3*(1), 1-19.

Averch, H. A., Carroll, S. J., Donaldson, T. S., Kiesling, H. J., & Pincus, J. (1974). *How effective is schooling ? A critical review of research.* Englewood Cliffs, NJ: Educational Technology Publications.

Bacharach, S.B. (1990). *Education reform.* Boston, MA: Allyn & Bacon.

Bachman, J. D., Bowers, D. G., & Marcus, P. M. (1968). Bases of supervisory power: A comparative study in five organizational settings. In A. S. Tannenbaum (Ed.), *Control in organizations.* New York: McGraw-Hill.

Barth, R. S. (1988). School: A community of leaders. In A. Lieberman (Ed.), *Building a professional culture in schools.* New York: Teachers College Press.

Bass, B. M. (1985). *Leadership and performance beyond expectations.* New York: Free Press.

Bass, B. M. (1990). *Bass & Stogdill's handbook of leadership: Theory, research & managerial applications* (3rd ed.). New York: Free Press.

Bass, B. M., & Avolio, B. J. (1994). *Improving organizational effectiveness through transformational leadership.* Thousand Oaks, CA: Sage.

Beare, H., Caldwell, B. J., & Millikan, R. H. (1989). *Creating an excellent school.* London: Routledge & Kegan Paul.

Beare, H., & Slaughter, R. (1993). *Education for the twenty-first century.* London: Routledge.

Bennis, W. (1984). Transformative power and leadership. In T. J. Sergiovanni, & J. E. Corbally (Eds.), *Leadership and organizational culture* (pp.64-71). Chicago, IL: University of Illinois Press.

Bennis, W.G., Benne, K., Chin, R. and Corey, K. (Eds.) (1969). *The planning of change.* NY: Holt, Rinehart and Winston.

Berger, E. H. (1987). *Parents as partners in education* (2nd ed.). Columbus, OH: Merrill.

Blackledge, D., & Hunt, B. (1985). *Sociological interpretations of education.* Sydney: Croom Helm.

Blake, R. G., & Mouton, J. S. (1985). *The new managerial grid III.* Houston, TX: Gulf Publishing.

Blase, J. (1989). The micropolitics of the school: The everyday political orientation of teachers toward open school principals. *Educational Administration Quaterly, 25*(4), 377-407.

Blase, J. (1991). *The micropolitics of effective school-based leadership: Teachers' perspectives.* Paper presented at the Annual Conference of the American Educational Research Association, San Francisco.

Block, P. (1987). *The empowered manager: Positive political skills at work.* San Francisco, CA: Jossey-Bass.

Bollington, R., Hopkins, D., & West, M. (1990). *An introduction to teacher appraisal.* London: Cassell.

Bolman, L. G., & Deal, T. E. (1991a). *Reframing organizations.* San Francisco, CA: Jossey-Bass.

Bolman, L. G., & Deal, T. E. (1991b). *Images of leadership* (Occasional Paper No.20, pp.1-21). Cambridge, MA: Harvard University, National Center for Educational Leadership.

Bolman, L. G., & Deal, T. E. (1992). Leading and managing: Effects of context, culture, and gender. *Educational Administration Quarterly, 28*(3), 314-329.

Bottery, M. (1993). *The ethics of educational management* (pp.10-17). London: Cassell.

Bradley, L. H. (1993). *Total quality management for schools.* Lancaster, PA: Technomic.

Braithwaite, V. A., & Law, H. G. (1985). Structure of human values: Testing the adequacy of the Rockeach Value Survey. *Journal of Personality and Social Psychology, 49,* 250-263.

Brown, D. J. (1990). *Decentralization and school-based management.* London: Falmer Press.

Burns, J. M. (1978). *Leadership.* New York: Harper & Row.

Caldwell, B. J. (1990). Educational reform through school-site management: An international perspective on restructuring in education. In S. B. Bacharach (Ed.), *Advances in research and theories of school management and educational policy* (Vol.1, pp.303-333). Greenwich, CT: JAI Press.

Caldwell, B. J., & Spinks, J. (1988). *The self-managing school.* London: Falmer Press.

Caldwell, B. J., & Spinks, J. M. (1992). *Leading the self-managing school.* London: Falmer Press.

Cameron, K. S. (1978, December). Measuring organizational effectiveness in institutions of higher education. *Administrative Science Quarterly, 23,* 604-632.

Cameron, K. S. (1984). The effectiveness of ineffectiveness. *Research in Organizational Behavior, 6,* 235-285.

Cameron, K. S., & Whetten, D. A. (1981). Perceptions of organizational effectiveness over organizational life cycles. *Administrative Science Quarterly, 26,* 524-544.

Cameron, K. S., & Whetten, D. S. (Eds.) (1983). *Organizational effectiveness: A comparison of multiple models.* New York: Academic Press.

Cammann, C., et al. (1983). Assessing the attitudes and perceptions of organizational members. In S. E. Seashore, et al. (Eds.), *Assessing organization change* (pp.71-138). New York: John Wiley.

Chan, B., Cheng, Y. C., & Hau, K. T. (1991). *A technical report on the study of principal-teachers' relationship in Hong Kong secondary schools.* Hong Kong: The Chinese University of Hong Kong.

Chan, Y. C., & Cheng, Y. C. (1993). A study of principals' instructional leadership in secondary schools. *Educational Research Journal, 8,*

55-67.

Chapman, J. D. (Ed.) (1990). *School-based decision-making and management*. London: Falmer Press.

Carnegie Task Force on Teaching as a Profession. (1986). *A nation prepared: Teacher for the 21st century.* New York, NY: Carnegie Task Force on Teaching as a Profession.

Cheng, Y. C. (1985). Organizational climate in Hong Kong aided secondary schools. *Education Journal, 13*(2), 49-55.

Cheng, Y.C. (1986a). A framework of curriculum effectiveness (in Chinese). *Education Journal, 14*(1), 30-36.

Cheng, Y. C. (1986b). School effectiveness as related to organizational climate and leadership style. *Educational Research Journal, 1,* 86-94.

Cheng, Y. C. (1987a). A study of school organizational environment and teachers' professional behaviours. *Educational Research Journal, 2,* 13-16.

Cheng, Y. C. (1987b, November). Effectiveness of science teaching in contributing to civic education: What teaching strategies. *New Horizons, 28,* 129-141.

Cheng, Y. C. (1987c). School process and effectiveness of civic education (in Chinese). *Education Journal, 15*(2), 11-17.

Cheng, Y. C. (1989). Organizational culture: Development of a theoretical framework for organizational research. *Education Journal, 17* (2), 128-147.

Cheng, Y. C. (1990a). An investigation of antecedents of organizational commitment. *Educational Research Journal, 5,* 29-42.

Cheng, Y. C. (1990b). Conception of school effectiveness and models of school evaluation: An dynamic perspective. *Education Journal, 18*(1), 47-61.

Cheng, Y. C. (1990c, September). *The relationship of job attitudes and organizational commitment to different aspects of organizational envi-*

ronment (Microfiche, 1-45). (ERIC Document Reproduction Service No. ED318-779). Arlington, VA: ERIC.

Cheng, Y. C. (1990d, November). Management strategy and school improvement: Looking forward to a new decade (in Chinese). *New Horizons, 31*, 62-67.

Cheng, Y. C. (1991a). *Function and effectiveness of education* (2nd ed., in Chinese). Hong Kong: Wide Angle.

Cheng, Y. C. (1991b). Leadership style of principals and organizational process in Hong Kong secondary schools. *Journal of Educational Administration, 29*(2), 25-37.

Cheng, Y. C. (1991c). Organizational environment in schools: Commitment, control, disengagement, and headless. *Educational Administration Quarterly, 27*(4), 481-505.

Cheng, Y. C. (1991d). Strategies for conceptualizing school administration research: An effectiveness approach. *Education Journal, 19*(1), 69-81.

Cheng, Y. C. (1991e). Teachers' job attitudes and school's organizational attributes: A school-level analysis. In W. K. Ho & R. Y. L. Wong (Eds.), *Improving the quality of the teaching profession: An international perspective* (pp.621-634). Arlington, VA: International Council on Education for Teaching.

Cheng, Y. C. (1991f). The theory of school-based management and external control management (in Chinese). *Primary Education, 1*(1), 3-18.

Cheng, Y. C. (1991g, May). The meaning and function of parental involvement in schools (in Chinese). *ICAC Periodical for Schools,* 1-2.

Cheng, Y. C. (1991h, September). School-based management and school management initiative (in Chinese). *Modern Educational Bulletin, 19,* 3-9.

Cheng, Y. C. (1992a). A preliminary study of school management initiative: Responses to induction and implementation of management reforms. *Educational Research Journal, 7,* 21-32.

Cheng. Y. C. (1992b). A theory of teacher education network (in Chinese). *Education Journal, 20*(1), 17-24.

Cheng, Y. C. (1992c). A study of teachers' professionalism in Hong Kong primary schools: Antecedents and consequences (in Chinese). *Primary Education, 2*(2), 11-21.

Cheng, Y. C. (1992d, September). An analysis of effectiveness of the recommendations of education commission report no. 5 (in Chinese). *Modern Education Bulletin, 23,* 43-48.

Cheng, Y. C. (1992e, September). School improvement and school effectiveness research in Hong Kong. *International Network News, 2*(3), 2-3.

Cheng, Y. C. (1993a). A mechanism for school-based curriculum change (in Chinese). *Journal of Primary Education, 4*(1), 11-20.

Cheng, Y. C. (1993b). A study of principal's leadership in Hong Kong primary schools. *Primary Education, 3*(2), 15-26.

Cheng, Y. C. (1993c). *Module 1: Meaning and principles of SMI and effective schools* (training packages for supervisors, principals, and assistant principals of school management initiative schools). Hong Kong: The Chinese University of Hong Kong.

Cheng, Y. C. (1993d). *Module 2: Planning and Structuring for Development and Effectiveness* (training packages for supervisors, principals, and assistant principals of school management initiative schools). Hong Kong: The Chinese University of Hong Kong.

Cheng, Y. C. (1993e). *Module 3: Staff development and appraisal for development and performance* (training packages for supervisors, principals, and assistant principals of school management initiative schools). Hong Kong: The Chinese University of Hong Kong.

Cheng, Y. C. (1993f). *Module 4: Monitoring school effectiveness* (training packages for supervisors, principals, and assistant principals of school management initiative schools). Hong Kong: The Chinese University of Hong Kong.

Cheng, Y. C. (1993g). *Module 5: Leadership and management of change* (training packages for supervisors, principals, and assistant principals of school management initiative schools). Hong Kong: The Chinese University of Hong Kong.

Cheng, Y. C. (1993h). Profiles of organizational culture and effective schools. *School Effectiveness and School Improvement: An International Journal of Research, Policy, and Practice, 4*(2), 85-110.

Cheng, Y. C. (1993i). The theory and characteristics of school-based management. *International Journal of Educational Management, 7*(6), 6-17.

Cheng, Y. C. (1993j, April). *The conceptualization and measurement of school effectiveness: An organizational perspective.* Paper presented at the Annual Conference of the American Educational Research Association, Atlanta, USA.

Cheng, Y. C. (1993k, April). The strength of principal's leadership: The structural, human, political, symbolic, and educational dimensions (Occasional Paper No.20, pp.1-24). Cambridge, MA: Harvard University, National Center for Educational Leadership.

Cheng, Y. C. (1993l, September). *The characteristics of school-based management: Measurement and profile.* Paper presented at the annual conference of the British Educational Research Association, Liverpool, UK.

Cheng, Y. C. (1994a). Classroom environment and student affective performance: An effective profile. *Journal of Experimental Education, 62*(3), 221-239.

Cheng, Y. C. (1994b). Education and development of people and nation: A chain-reaction model proposal. *Proceedings of the Second Academic Research Conference on Modernization of China, The National Institute of Social Science (mainland China) and the Academic Research*

Foundation of Promoting China Modernization (Taiwan), Beijing, 1-24.

Cheng, Y. C. (1994c). Effectiveness of curriculum change in school: An organizational perspective. *International Journal of Educational Management, 8*(3), 26-34.

Cheng, Y. C. (1994d). Principal's leadership as a critical indicator of school performance: Evidence from multi-levels of primary schools. *School Effectiveness and School Improvement: An International Journal of Research, Policy, and Practice, 5*(3), 299-317.

Cheng, Y. C. (1994e, December). *Profile of education quality of primary schools: Multi-levels and multi-indicators.* Paper presented at the annual conference of the British Educational Research Association, Oxford, UK.

Cheng, Y. C. (1994f, January). *School effectivenss and school-based management: A mechanism for education quality and school development.* Keynote speech presented at the International Congress for School Effectiveness and Improvement, Melbourne, Australia.

Cheng, Y. C. (1994g). Teacher leadership style: A classroom-level study. *Journal of Educational Administration, 32*(3), 54-71.

Cheng, Y. C. (1994h). Teacher's locus of control as an indicator of teacher's job attitudes and perceived organizational factors. *Journal of Educational Research, 87*(3), 180-188.

Cheng, Y. C. (1994i, June). *A school-based management mechanism for school effectiveness and development in Hong Kong.* Keynote speech presented at the Conference on School Effectiveness and Improvement, Hong Kong.

Cheng, Y. C. (1994j, September). *The effective classrooms: Performance, environment, and family experience.* Paper presented at the annual conference of the British Educational Research Association, Oxford, UK.

Cheng, Y. C. (1995a). School educational quality: Conceptualization, monitoring, and enhancement. In P. K. Siu & T. K. P. Tam (Eds.), *Quality in education: Insights from different perspectives* (pp. 123-147). Hong Kong: Hong Kong Educational Research Association.

Cheng, Y. C. (1995b). School effectiveness and improvement in Hong Kong, Taiwan, and mainland China. In B. H. M. Creemers & N. Osinga (Eds.), *ICSEI Country Reports* (pp.11-30). Netherlands: Gemeenschappeli jk Centrum voor Onderwijsbegeleiding in Friesland, Leeuwarden.

Cheng, Y. C. (1995c). Monitoring educational quality in school (in Chinese). *Modern Educational Bulletin, 34,* 44-46.

Cheng, Y. C. (1995d). Approach to enhancing educational quality (in Chinese). *Modern Educational Bulletin, 35,* 35-37.

Cheng, Y. C. (1996a). Relation between teachers' professionalism and job attitudes, educational outcomes, and organizational factors. *Journal of Educational Research, 89*(3), 163-171.

Cheng, Y. C. (1996b). Management and effectiveness of moral and civic education in school: A framework for research and practice. In L. N. K. Lo & S. W. Man (Eds.), *Recent research in moral and civic education* (pp.153-177). Hong Kong: Hong Kong Institute of Educational Research, The Chinese University of Hong Kong.

Cheng, Y. C. (1996c). *The pursuit of school effectiveness: Research, management, and policy.* Hong Kong: Hong Kong Institute of Educational Research, The Chinese University of Hong Kong.

Cheng, Y. C., & Chan, B. (1987). "Non-intervention" management and school administration (in Chinese). *The Chinese Journal of Administration, 42,* 36-45.

Cheng, Y. C., & Chan, B. (1992). The management thought of Lao Tzu: Implications for management of modern organizations (in Chinese). In the Graduate School of Philosophy of National Central University (Ed.), *Articles on management and philosophy* (pp.253-273). Taipei, Taiwan.

Cheng, Y. C., & Cheung, W. M. (1995). A framework for the analysis of educational policy. *International Journal of Educational Management.*

Cheng, Y. C., & Ng, K. H. (1991a). School organisational change - Theory, strategy, and technology (in Chinese). *Education Journal, 19*(2), 133-144.

Cheng, Y. C., & Ng, K. H. (1991b). The characteristics of effective classrooms (in Chinese). *Primary Education, 2*(1), 1-10.

Cheng, Y. C., & Ng, K. H. (1992). The analysis of the economic aspect of educational policy: A preliminary framework (in Chinese). *Primary Education, 3*(1), 55-64.

Cheng, Y. C., & Ng, K. H. (1994). School management initiative and strategic management (in Chinese). *Journal of Primary Education, 4*(2), 1-15.

Cheng, Y. C., & Tam, W. M. (1994). A theory of school-based staff development: Development matrix (in Chinese). *Education Journal, 22*(2), 221-236.

Cheung, W. M., & Cheng, Y. C. (1996). A multi-level framework for self-management in school. *International Journal of Educational Management, 10*(1), 17-29.

Child, J. (1972). Organizationa structure, environment and performance: the role of strategic choice. *Sociology, 6,* 1-22.

Cohen, M. (1988). *Restructuring the education system: Agenda for the 1990s.* Washington, DC: National Governors' Association.

Collard, J. L., & Carlin, P. (1994, January). *Whole school planning: A strategic mechanism for school improvement & effectiveness.* Paper presented at the International Congress for School Effectiveness and Improvement, Melbourne, Australia.

Collins, R. (1971). Functional and conflict theories of educational stratifi-
cation. *American Sociological Review, 36,* 1002-1019.

Collins, R. A., & Hanson, M. K. (1991). *Summative evaluation report
school-based management/shared decision-making project
1987-1988 through 1989-90.* Miami, FL: Dade County Public Schools.

Combs, A. W. (1988). New assumptions for educational reform. *Educa-
tional Leadership, 45,* 38-40.

Conger, J. A., Kanungo, R. N., & Associates (1988). *Charismatic leader-
ship.* San Francisco, CA: Jossey-Bass.

Conley, S., & Bacharach, S. (1990). From school-site management to parti-
cipatory school-site management. *Phi Delta Kappan, 71*(7),539-544.

Corbett, H. D., Firestone, W. A., & Rossman, G. B.(1987). Resistance to
planned change and the sacred in school culture. *Educational Admin-
istration Quarterly, 23*(4), 36-59.

Covey, S. R. (1989). *The 7 habits of highly effective leadership.* New York:
Simon & Schuster.

Crandall, D. P., et al. (1986). Strategic planning issues that bear on the suc-
cess of school improvement efforts. *Educational Administration
Quarterly, 22,* 21-53.

Creemers, B. P. M. (1994). *The effective classroom.* London: Cassell.

Crosby, P. B. (1979). *Quality is free.* New York: New American Library.

Cuttance, P. (1994). Monitoring educational quality through performance
indicators for school practice. *School Effectiveness and School Impro-
vement, 5*(2), 101-126.

Cuttance, P. (1995, January). *Building high performance school systems.*
Keynote address at the International Congress for School Effectiven-
ess and Improvement, Leeuwarden, the Netherlands.

David, J. L. (1989). Synthesis of research on school-based management.
Educational Leadership, 46(8), 45-53.

Deal, T. E., & Celotti, L. D. (1980). How much influence do (and can) educational administrators have on classrooms? *Phi Delta Kappan, 61,* 471-473.

Deal, T. E., & Kennedy, A. A. (1982). *Corporate cultures: The rite and rituals of corporate life.* Reading, MA: Addison-Wesley.

Deal, T. E., & Peterson, K. D. (1990). *The principal's role in shaping school culture.* Washington, DC: US Government Printing Office.

Dempster, N., Sachs, J., Distant, G., Logan, L., & Tom, C. (1993, January). *Planning in primary schools: A national study in Australian schools.* Paper presented at the International Congress for School Effectiveness and Improvement, Norrkoping, Sweden.

Dimmock, C. (Ed.). (1993). *School-based management and school effectiveness.* London: Routledge.

Donovan, M. (1989). Employees who manage themselves. *Journal for Quality and Participation, 12*(1), 58-61.

Dunham, R. B., & Pierce, J. L.(1989). *Management.* Glenview, IL: Scott, Foresman.

Dyer, W. G. (1987). *Team building: Issues and alternatives* (2nd ed.), MA: Addison Wesley.

Education & Manpower Branch. (1993). *School education in Hong Kong : A statement of aims.* Hong Kong: The Government Printer.

Education and Manpower Branch & Education Department. (1991). *School management initiative: Setting the framework for education quality in Hong Kong schools.* Hong Kong: The Government Printer.

Education Commission. (1984). *Education commission report no. 1.* Hong Kong: The Government Printer.

Education Commission. (1986). *Education commission report no. 2.* Hong Kong: The Government Printer.

Education Commission. (1988). *Education commission report no. 3.* Hong Kong: The Government Printer.

Education Commission. (1990). *Education commission report no. 4.* Hong Kong: The Government Printer.

Education Commission. (1992). *Education commission report no. 5.* Hong Kong: The Government Printer.

Education Commission. (1993, October 21). *Education commission sets up working groups* (press release). Hong Kong: The Government Information Office.

Education Commission. (1994). *Working group report on education standards.* Hong Kong: The Government Printer.

Eraut, M. (1993). The characterisation and development of professional expertise in school management and in teaching. *Educational Management and Administration, 21*(4), 223-232.

Etzioni, A. (1969). Two approaches to organizational analysis. In H. C. Schulberg et al. (Eds.), *Program evaluation in the health fields.* New York: Behavioral Publications.

Farnham-Diggory, S. (1994). Paradigms of knowledge and instruction. *Review of Educational Research, 64*(3), 463-477.

Fiedler, F. E. (1967). *A theory of leadership effectiveness.* New York: McGraw-Hill.

Fiedler, F. E. (1971). Validation and extension of the contingency model of leadership effectiveness: A review of empirical findings. *Psychological Bulletin, 76,* 128-148.

Firestone, W. A., & Corbett, H. D. (1988). Planned organizational change. In N. Boyan (Ed.), *Handbook of research on educational administration.* New York: Longman.

Fisher, D. C. (1994). *Measuring up to the Baldrige.* New York: American Management Association.

Fraser, B. J. (1992). Developments and changes in the study of learning environments: Looking back, sideways, and forward. In H. C. Waxman & C. D. Ellett (Eds.), *The study of learning environments* (Vol. 5, pp.

1-20). Houston, TX: College of Education, University of Houston.

Fraser, B. J., & Fisher, D. L. (1990, April). *Validity and use of the school-level environment questionnaire.* Paper presented at the annual meeting of the American Educational Research Association, Chicago, USA.

Fraser, B. J., & Walberg, H. J. (Eds.) (1991). *Educational environments: Evaluation, antecedents and consequences.* Oxford, UK: Pergamon Press.

French, J. R. P., & Raven, B. (1968). The bases of social power. In D. Cartwright & A. Zander (Eds.), *Group Dynamics* (3rd ed., pp.259-269). New York: Harper & Row.

Fullan, M. (1991). *The new meaning of educational change* (2nd ed.). London: Cassell.

Fullan, M. (1992). *The new meaning of educational change.* New York: Teachers College Press.

Fullan, M. & Hargreaves, A. (Eds.) (1992). *Teacher development and educational change,* UK: The Falmer Press.

Gattiker, U. E.(1990). *Technology management in organizations.* Thousand Oaks, CA: Sage.

George, S. (1992). *The Baldrige quality system.* New York: Wiley.

Giroux, H. (1981). *Ideology, culture, and the process of schooling.* Lewes, UK: Falmer Press.

Goldring, E. B., & Rallis, S. F. (1993, April). *Principals as environmental leaders: The external link for facilitating change.* Paper presented at the annual meeting of the American Educational Research, Atlanta, GA: USA.

Graen, G. B., & Uhl-Bien, M. (1991a). The transformation of professionals into self-managing and partially self-designing contributors: Towards a theory of leadership-making. *Journal of Management Systems, 3*(3), 25-39.

Graen, G. B., & Uhl-Bien, M. (1991b). Leadership-making applies equally well to sponsors, competence networks, and teammates. *Journal of Management Systems, 3*(3), 75-80.

Greenley, G. E. (1986). Does strategic planning improve company performance? *Long Range Planning, 19*(2), 106.

Greenwood, M. S., & Gaunt, H. J. (1994). *Total quality management for schools.* London: Cassell.

Greiner, L. E., & Schein, V. E. (1989). *Power and organization development: Mobilizing power to implement change.* Reading, MA: Addison-Wesley.

Grift, W. Van de (1990). Educational leadership and academic achievement in elementary education. *School Effectiveness and School Improvement, 1*(3), 26-40.

Grosin, L. (1994, January). *Do effective schools contribute to greater equity?* Paper presented at the International Congress for School Effectiveness and Improvement, Melbourne, Australia.

Hackman, J. R. (1976). Group influences on individuals in organizations. In M. D. Dunnette (Ed.), *Handbook of industrial and organizational psychology* (pp.1455-1525). Chicago: Rand-McNally.

Hackman, J. R. (1985). Doing research that makes a difference. In E. E. Lawler et al. (Eds.), *Doing research that is useful for theory and practice.* San Francisco, CA: Jossey-Bass.

Hackman, J. R. (1986). The psychology of self-management in organization. In M. S. Pollack & R. O. Perloff (Eds.), *Psychology and work: Productivity, change and employment* (pp.85-136). Washington, DC: American Psychological Association.

Hackman, J. R. (1987). The design of work teams. In J. W. Lorsch (Ed.), *Handbook of organizational behavior* (pp.315-342). Englewood Cliffs, NJ: Prentice-Hall.

Hackman, J. R. and Oldman, G. (1976). Motivation, through the design of work: Test of a theory. *Organizational behavior and human performance, 6*(2), 250-279.

Hackman, J. R., and Walton, R. E. (1986). Leading groups in organizations. In P. S. Goodman (Ed.), *Designing effective work groups* (pp.72-119). San Francisco, CA: Jossey-Bass.

Hage, J., & Aiken, M. (1967). Program change and organizational properties: A comparative analysis. *American Journal of Sociology, 72,* 503-519.

Hall, R. P. (1987). *Organizations: Structures, processes and outcomes.* Englewood Cliffs, NJ: Prentice-Hall.

Hallinger, P., & Murphy, J. F. (1987). Assessing and developing principal instructional leadership. *Educational Leadership, 45*(1), 54-61.

Halpin, A. W. (1966). *Theory and research in administration.* New York: Macmillan.

Hambrick, D. C. (1989). Strategic leadership [Special issue]. *Strategic Management Journal, 10*(s), 1-172.

Hampton, D. R., Summer, C. E., & Webber, R. A. (1987). *Organizational behavior and the practice of management* (5th ed.). Glenview, IL: Scott, Foresman.

Hannan, M. T., & Freeman, J. (1977). Obstacles to comparative studies. In P. S. Goodman & J. M. Pennings (Eds.), *New perspectives on organizational effectiveness* (pp.106-131). San Francisco, CA: Jossey-Bass.

Harding, S., & Phillips, D. (1986). *Contrasting values in Western Europe: Unity, diversity, change.* London: Macmillan.

Hargreaves, A. (1994). *Changing teachers, changing times,* New York: Columbia University, Teachers College Press.

Hargreaves, D. H., & Hopkins, D. (1991). *The empowered school.* UK: Cassell.

Hersey, P., & Blanchard, K. H. (1972). *Management of organizational behavior: Utilizing human resources* (2nd ed.). Englewood Cliffs, NJ:

Prentice-Hall.

Hersh, R. H., Miller, J. P., & Fielding, G. D. (1980). *Models of moral education: An appraisal.* New York: Longman.

Herzberg, F. (1966). *Work and nature of man.* Cleveland: World Publishing.

Hill, P. T., & Bonan, J. (1991). *Decentralization and accountability in public education.* Washington, DC: Rand.

Hinchliffe, K. (1987). Education and the labor market. In G. Psacharopoulos (Ed.), *Economics of education: Research and studies* (pp. 315-323). Kidlington, Oxford: Pergamon Press.

Holt, D. H. (1990). *Management: Principles and practices.* Englewood Cliffs, NJ: Prentice-Hall.

House, R. J. (1971). A path-goal theory of leadership effectiveness. *Administrative Science Quarterly, 16,* 321-338.

House, E. R. (1981). Three perspectives on educational innovation: Technological, political and cultural. In R. Lehming & M. Kane (Eds.), *Improving schools: Using what we know.* Beverly Hills, CA:Sage.

Hoy, W. K. (1994). Foundations of educational administration: Traditional and emerging perspective. *Eduational Administration Quarterly, 30* (2), 178-198.

Hoy, W. K., & Miskel, C. G. (1991). *Educational administration* (4th ed). New York: Random House.

Hughes, P. (Ed.) (1988). *The challenge of identifying and marketing quality in education.* Sydney, Australia: The Australian Association of Senior Educational Administrators.

Hughes, B. (1991). 25 stepping stones for self-directed work teams. *Training, 28*(12), 44-46.

Jenni, R. W. (1991). Application of the school-based management process development model. *School Effectiveness and School Improvement., 2* (2), 136-151.

Jones, B., & Maloy, R. W. (1988). *Partnerships for improving schools.*

New York: Greenwood Press.

Jones, D. C., & Meurs, M. (1991). Worker participation and worker self-management in Bulgaria. *Comparative Economic Studies, 33*(4), 47-81.

Joyce, B. (1989). *Staff development as cultural change.* Paper presented at the International Conference on school-based innovation: Looking forward to the 1990s, University of Hong Kong, Hong Kong.

Katz, D., & Kahn, R. L. (1978). *The social psychology of organizations (2nd ed).* New York: Wiley.

Kazamias, A. M., & Schwartz, K. (1997). Intellectual and ideological perspectives in comparative education: An interpretation. *Comparative Educational Review, 21,* 153-176.

Keeley, M. (1984). Impartiality and participant-interest: Theories of organizational effectiveness. *Administrative Science Quarterly, 29,* 1-25.

Kenzevich, S. (1975). *Administration of public education* (3rd. ed.). New York: Harper & Row.

Kluckhohn, F. R., & Strodtbeck, F. L. (1961). *Variations in value orientations.* Evanston, IL: Row, Peterson. Longman.

Latham, G. P., & Locke, E. A. (1991). Self-regulation through goal setting. *Organizational Behavior & Human Decision Processes, 50*(2), 212-247.

Laughlin, R. C. (1991). Environmental disturbances and organizational transitions and transformations: Some alternative models. *Orgnaization Studies, 12*(2), 209-232.

Levitt, B., & March, J. G. (1988). Organizational learning. *Annual Review of Sociology, 14,* 319-340.

Levy, A. (1986). Second-order planned change: Definition and conceptualization. *Organizational Dynamics, 38*(7), 583-586.

Lewin, K. (1952). Group decision and social change. In G.E. Swanson, et al., (Eds), *Readings in social psychology* (pp.459-473). N.Y.: Holt,

Rinehart and Winston.

Lieberman, A. (Ed.) (1988). *Building a professional culture in schools.* New York: Teachers College Press, Columbia University.

Lieberman, A., Sazl, E. R., & Miles, M. B. (1988). Teacher leadership: Ideology and practice. In A. Lieberman (Ed.), *Building a professional culture in schools.* New York: Columbia University, Teachers College Press.

Likert, R. (1961). *New patterns of management.* New York: McGraw-Hill.

Likert, R. (1967). *The human organization.* New York: McGraw-Hill.

Lipham, J. A. (1964). Leadership and administration. In D. Griffiths (Ed.), *Behavioral science and educational administration* (Sixty-third yearbook of the National Society for the Study of Education, pp.119-141). Chicago: University of Chicago Press.

Little, J. W. (1982). Norms of collegiality and experimentation: Workplace conditions of school success. *Educational Research Journal, 19*(3), 325-340.

Lockheed, M. E. (1988, April). *The measurement of educational efficiency and effectiveness.* Paper presented at the annual meeting of the American Educational Research Association, New Orleans.

Lorr, M., Suziedelis, A., & Tonesk, X. (1973). The structure of values: Conceptions of the desirable. *Journal of Research in Personality, 7,* 137-147.

Louis, K., & Miles, M. (1990). *Improving the urban high school: What works and why.* New York: Columbia University, Teachers College Press.

Louis, K. S. (1994). Beyond 'managed change': Rethinking how school improve. *School Effectiveness and School Improvement, 5*(1), 2-24.

Lundberg, C. (1989). On organizational learning: Implications and opportunities for expanding organizational development. *Research in Organizational Change and Development, 3,* 61-82.

Mackenzie, R. A. (1969, November-December). The management process in 3-D. *Harvard Business Review,* 80-87.

Maeroff, G. I. (1993). *Team building for school change.* New York: Columbia University, Teachers College Press .

Malen, B., Ogawa, R. T., & Kranz, J. (1990). What do we know about school-based management? A case study of the literature - A call for research. In W. H. Clune & J. F. Witte (Eds.), *Choice and control in American education (Vol. 2): The practice of choice decentralization and school restructuring* (chapter 8). London: Falmer Press.

Manpower and Education Branch and Education Department (1991). *School management initiative: Setting the framework for education quality in Hong Kong schools.* Hong Kong: The Government Printer.

Manz, C. C. (1983). *The art of self-leadership.* Englewood Cliffs, NJ: Prentice-Hall.

Manz, C. C. (1986). Self-leadership: Toward an expanded self-influence processes in organizations. *Academy of Management Review, 11,* 585-600.

Manz, C. C. (1991). Leading self-managed employees: Some issues and challenges. *Journal of Management Systems, 3*(3), 67-73.

Manz, C. C., & Sims, H. P. (1987). Leading workers to lead themselves: The external leadership of self-managing work teams. *Administrative Science Quarterly, 32,* 106-128.

Manz, C. C., & Sims, H. P. (1990). *Super leadership.* New York: Berkley Book.

Maslow, A. H. (1943). A theory of human motivation. *Psychological Review, 50,* 370-396.

Maslow, A. H. (1970). *Motivation and personality* (2nd ed.). New York: Harper & Row.

Mayo, E. (1945). *The social problems of an industrial civilization.* Boston: Harvard Graduate School of Business.

McConkey, D. D. (1989). Are you an administrator, a manager, or a leader? *Business Horizons, 32*(5), 15-21.

McGregor, D. (1960). *The human side of enterprise.* New York: McGraw-Hill.

Mckenna, B. H. (1973). A context for teacher evaluation. *National Elementary Principal, 52*(5), 22-31.

McMahon, W. W. (1987). Consumption and other benefits of education, In G. Psacharopoulos (Ed.), *Economics of education: Research and studies* (pp.129-133). Kidlington, Oxford: Pergamon Press.

Miskel, G., McDonald, D., & Bloom, S. (1983). Structural and expectancy linkages within schools and organizational effectiveness. *Educational Administration Quarterly, 19*(1), 49-82.

Mitchell, D. (1991). Monitoring today's schools: A scorecard after 18 months. *New Zealand Journal of Educational Administration, 6,* 48-61.

Mohrman, S. A., Wohlstetter, P., & Associates. (Eds.) (1994). *School-based management: Organizing for high performance.* San Francisco, CA: Jossey-Bass.

Moos, R. H., & Trickett, E. J. (1974). *Classroom environment scale manual.* Palo Alto, CA: Consulting Psychologists Press.

Mortimore, P. (1993, January). *School effectiveness and the management of effective learning and teaching.* Paper presented at the International Congress for School Effectiveness and Improvement, Norrkoping, Sweden.

Mott, P. E. (1972). *The characteristics of effective organizations.* New York: Harper & Row.

Murgatroyd, S., & Morgan, C. (1993). *Total quality management and the school.* Buckingham, UK: Open University Press.

Nadler, D. A., & Tushman, M. L. (1983). A general diagnostic model for organizational behavior: Applying a congruence perspective. In R. J. Hackman et al. (Eds.), *Perspectives on Behavior in Organizations* (pp.

112-126). New York: McGraw-Hill.

National Education Goals Panel (1992). *The 1992 national education goals report.* Washington, DC: National Education Goals Panel .

Newmann, F. M., Rutter, R. A., & Smith, M. S. (1989). Organizational factors that affect school sense of efficacy, community and expectations. *Sociology of Education, 62,* 221-238.

Ng, K. H., & Cheng, Y. C. (1995). Research on school organizational changes: Approaches and strategies (in Chinese). *Educational Research Journal, 10*(1), 73-93.

Noori, H. (1990). *Managing the dynamics of new technology: Issues in manufacturing management.* Englewood Cliffs, NJ: Prentice Hall.

Novak, M. A. (1991). Toward a model for leading self-managing individuals. *Journal of Management Systems, 3*(3), 1-13.

Odiorne, G. S. (1991). The new breed of supervisor: Leaders in self-managed work teams. *Supervision, 52*(8), 14-17.

Oldham, G. R., & Hackman, J. R. (1981). Relationships between organizational structure and employees reactions: Comparing alternative frameworks. *Administrative Science Quarterly, 26,* 66-83.

Oldroyd, D., & Hall, V. (1991). *Managing staff development: A handbook for secondary schools.* London: Paul Chapman.

Owens, R. G. (1991). *Organizational behavior in education* (4th ed.). Englewood Cliffs, NJ: Prentice-Hall.

Parsons, T. (1966). *Societies.* Englewood Cliffs, NJ: Prentice-Hall.

Peters, T. J., & Waterman, R. H., Jr. (1982). *In search of excellence.* New York: Harper and Row.

Price, J. L., & Mueller, C. M. (1986). *Handbook of organizational measurement.* London: Pitman Publishing Inc.

Provenzo, E. F., Jr. (1989). School-based management and shared-decision making in the Dade County public schools. In J. M. Rosow & R. Zager (Eds.), *Allies in educational reform* (pp.146-163). San Francisco, CA:

Jossey-Bass.

Psacharopolous, G. (Ed.). (1987). *Economics of education: Research and studies.* Oxford, UK: Pergamon Press.

Puckett, J. H. (1989). Manufacturing excellence: A vision of the future. *Manufacturing Systems, 7*(4), 50-51.

Queensland Department of Education. (1992). *Collaborative school development planning and review.* Queensland: Publishing Services for Review and Evaluation Directorate.

Quinn, R. E. (1988). *Beyond rational management: Mastering the paradoxes and competing demands of high performance.* San Francisco: Jossey-Bass.

Quinn, R. E., & Cameron, K. (1983). Organizational life cycles and shifting criteria of effectiveness: Some preliminary evidence. *Management Science, 29,* 33-51.

Renihan, F. I., & Renihan, P. J. (1984). Effective schools, effective administration and effective leadership. *The Canadian Administrator, 24*(3), 1-6.

Robbins, S. (1993). *Organizational behavior* (6th ed.). Englewood Cliffs, NJ: Prentice-Hall.

Rokeach, M. (1973). *The nature of human values,* New York: Free Press.

Rosoff, B. L., Woolfolk, A. E., & Hoy, W. K. (1991). *Teacher's beliefs and student's motivation to learn.* Paper presented at the annual meeting of the American Educational Research Association, Chicago, USA.

Salem, M., Lazarus, H., & Cullen, J. (1992). Developing self-managing teams: Structure and performance. *The Journal of Management Development, 11*(3), 24-32.

Sandy, W. (1990). Build organizational success around individual success. *Modern Office Technology, 35*(11), 10-12.

Sankar, Y. (1991). *Management of technological change.* New York: John Wiley & Sons. ·

Sauers, D. A., Hunt, J. B., & Bass, K. (1990). Behavioral self-management as a supplement to external sales force controls. *Journal of Personal Selling & Sales Management, 10*(3), 17-28.

Scheerens, J. (1990). School effectiveness research and the development of process indicators of school functioning. *School Effectiveness and School Improvement, 1*(1), 61-80.

Scheernes, J. (1992). *Effective schooling.* London: Cassell.

Schein, E. H. (1980). *Organizational psychology* (3rd ed.). Englewood Cliffs, NJ: Prentice-Hall.

Schein, E. H. (1992). *Organizational culture and leadership* (2nd ed.). San Francisco, CA: Jossey-Bass.

Schermerhorn, J.R., Jr., Hunt, J. G. and Osborn, R. N. (1982). *Managing organizational behavior.* New York: John Wiley & Sons, Inc.

Scottish Education Department (1991). *Management of staff development and appraisal, preliminary unit. Management Training for headteachers.* Scotland, UK: Scottish Office Education Department.

Selznick, P. (1957). *Leadership in administration.* New York: Harper & Row.

Sergiovanni, T. J. (1984). *Handbook for effective department leadership.* (2nd ed.) Newton, MA: Allyn and Bacon.

Sergiovanni, T. J. (1984). Leadership and excellence in schooling. *Educational Leadership, 41*(5), 4-13.

Sergiovanni, T. J. (1990). *Value-added leadership: How to get extraordinary performance in schools.* New York: Harcourt Brace Jovanovich.

Sergiovanni, T. J. (1992). *Moral leadership.* San Francisco, CA: Jossey-Bass.

Sergiovanni, T. J., Burlingame, M., Coombs, F. S., & Thurston, P. W. (1992). *Educational governance and administration* (3rd ed.). Boston: Allyn & Bacon.

Sergiovanni, T. J., & Starratt, R. J. (1993). *Supervision: A redefinition* (5th ed.). New York: McGraw-Hill.

Shulman, L. S., & Carey, N. B. (1984). Psychology and the limitations of individual rationality: Implications for the study of reasoning and civility. *Review of Educational Research, 54*(4), 501-524.

Silins, H. C. (1992). Effective leadership for school reform. *The Alberta Journal of Educational Research, 38*(4), 317-334.

Silins, H. C. (1993, April). *The relationship between school leadership and school improvement outcomes.* Paper presented at the annual meeting of the American Educational Research Association, Atlanta, USA.

Slater, R. O., & Teddlie, C. (1990/2). Towards a theory of school effectiveness and leadership. *School Effectiveness and School Improvement, 3* (4), 242-257.

Sparks, D., & Loucks-Horsley, S. (1990). Models of staff development. In W. R. Houston, et al. (Eds.), *Handbook of research on teacher education.* New York: Macmillan.

Steers, R. M. (1977). *Organizational effectiveness.* Santa Monica, CA: Goodyear.

Stern, G. G. (1970). *People in context.* New York: Wiley.

Stewart, T. A. (1992). The search for the organization of tomorrow. *Fortune, 125*(10), 92-98.

Stogdill, R. M. (1950). Leadership, membership, and organization. *Psychological Bulletin, 47,* 1-14.

Stogdill, R. M. (1974). *Handbook of leadership.* New York: Free Press.

Stoll, L., & Fink, D. (1988). Educational change: An international perspective. *International Journal of Educational Management, 23,* 26-31.

Stoll, L., & Fink D. (1992). Effecting school change: The Halton approach. *School Effectiveness and School Improvement, 3*(1), 19-41.

Stoll, L., & Fink, D. (1994). School effectiveness and school improvement: Voices from the field. *School Effectiveness and School Improvement, 5*(2), 149-177.

Tai, W. S., & Cheng, Y. C. (1994). The job characteristics of secondary school teachers. *Educational Research Journal, 9*(1), 77-86.

Tam, W. M., & Cheng, Y. C. (1995). School environment and student performance: A multi-level analysis. *Educational Research Journal, 10* (1), 5-21.

Tam, W. M. & Cheng, Y. C. (1996). A typology of primary school environment: Synergetic, headless, mediocre, and disengaged. *Educational Administration and Management, 24*(3), 237-252.

Tannenbaum, A. (1968). *Control in organizations.* New York: McGraw-Hill.

Tanner, D., & Tanner, L. N. (1980). *Curriculum development: Theory into practice* (2nd ed.). New York: Macmillan.

Taylor, F. W. (1947). *The principles of scientific management.* New York: Harper.

Tenner, A. R., & Detoro, I. J. (1992). *Total quality management.* Reading, MA: Addison-Wesley.

Thomas, R. M. (Ed.) (1983). *Politics and education: Cases from eleven nations.* Kidlington, UK: Pergamon.

Tichy, N. M., & Ulrich, D. (1984). The leadership challenge: A call for the transformational leader. *Sloan Management Review, 26*(1), 59-68.

Tjosvold, D. (1992). *The conflict-positive organization: Stimulate diversity and create unity.* Addison-Wesley.

Townsend, T. (1994). Goals for effective schools: The view from the field. *School Effectiveness and School Improvement, 5*(2), 127-148.

Urwick, L. (1947). *Elements of administration,* London, Sin Isaac: Pitman and Sons.

Valentine, J.W. (1992). *Principles and practices for effective teacher evaluation.* Boston, MA: Allyn & Bacon.

Walton, R. E. (1985). From control to commitment: Transformation of workforce strategies in the United States. In K. B. Clark, R. H. Hayes,

& C. Lorenz (Eds.), *The uneasy alliance: Managing the productivity-technology dilemma.* Boston, MA: Harvard Business School.

Walton, R. E., & Hackman, J. R. (1986). Groups under contrasting management strategies. In P. S. Goodman (Ed.), *Designing effective work groups.* San Francisco, CA: Jossey-Bass.

Wang, M. C., & Walberg, H. J. (1991). Teaching and educational effectiveness: Research synthesis and consensus from the field. In H. C. Waxman & H. J. Walberg (Eds.), *Effective teaching: Current research* (pp.81-104). San Francisco, CA: McCutchan.

Warren-Piper, D., & Glatter, R. (1977). *The changing university.* Windsor, Ontario: National Foundation for Educational Research.

Weber, M. (1947). *Theory of social and economic organization.* In T. Parsons (Ed.), A. M. Hendrason & T. Parsons (Trans.). New York: Free Press.

Weick, K. E. (1982). Administering education in loosely coupled schools. *Phi Delta Kappan, 27,* 673-676.

Whiteside, T.(1978). *The sociology of educational innovation.* London: Methuen.

Yuchtman, E., & Seashore, S. E. (1967). A system resource approach to organizational effectiveness. *American Sociological Review, 32,* 891-903.

Yuen, B. Y., & Cheng, Y. C. (1991). A contingency study of principal's leadership behavior and teachers' organizational commitment. *Educational Research Journal, 6,* 53-62.

Yukl, G. (1994). *Leadership in organizations* (3rd ed.). Englewood Cliffs, NJ: Prentice-Hall.

Zaleznik, A. (1977). Managers and leaders: Are they different? *Harvard Business Review, 55*(5), 67-80.

Zammuto, R. F. (1982). *Assessing organizational effectiveness.* Albany, NY: State University of New York Press.

Zammuto, R. F. (1984). A comparison of multiple constituency models of organizational effectiveness. *Academy of Management Review, 9*(4), 606-616.

✴ 索引

一畫

二畫

三畫

五畫

六畫

八畫

九畫

十畫

十四畫

十六畫

二十一畫

二十二畫

二十三畫

肆、教育叢書

一、一般教育系列

教室管理	許慧玲編著
教師發問技巧（第二版）	張玉成著
質的教育研究方法	黃瑞琴著
教學媒體與教學新科技	R. Heinich 等著・張霄亭總校閱
教學媒體（第二版）	劉信吾著
班級經營	吳清山等著
班級經營—做個稱職的教師	鄭玉疊等著
國小班級經營	張秀敏著
健康教育—健康教學與研究	晏涵文著
健康生活—健康教學的內涵	鄭雪霏等著
教育計畫與評鑑	鄭崇趁編著
教育計劃與教育發展策略	王文科著
學校行政	吳清山著
學習理論與教學應用	M. Gredler 著・吳幸宜譯
學習與教學	R. Gagne 著・趙居蓮譯
學習輔導－學習心理學的應用（第二版）	李咏吟主編・邱上真等著
認知過程的原理	L. Mann 等著・黃慧真譯・陳東陞校閱
認知教學：理論與策略	李咏吟著
初等教育－理論與實務	蔡義雄等著
中國儒家心理思想史（上、下）	余書麟著
生活教育與道德成長	毛連塭著

一般教育 39

學校效能及校本管理：發展的機制

作　　者：鄭燕祥
總　編　輯：林敬堯
發　行　人：邱維城
出　版　者：心理出版社股份有限公司
社　　址：台北市和平東路一段 180 號 7 樓
總　　機：(02) 23671490
傳　　真：(02) 23671457
郵　　撥：19293172　心理出版社股份有限公司
　E-mail　：psychoco@ms15.hinet.net
網　　址：www.psy.com.tw
駐美代表：Lisa Wu
　　Tel　：973 546-5845　　Fax：973 546-7651
登　記　證：局版北市業字第 1372 號
電腦排版：臻圓印刷打字有限公司
印　刷　者：翔勝印刷有限公司
初版一刷：2001 年 10 月
初版二刷：2004 年 3 月

定價：新台幣 350 元

ISBN 957-702-467-X

國家圖書館出版品預行編目資料

學校效能及校本管理：發展的機制 / 鄭燕祥著.
－.初版.－臺北市：心理，2001〔民 90〕
面； 公分. --(一般教育；39)
參考書目：面
含索引
ISBN 957-702-467-X(平裝)

1. 教育 — 行政 2. 學校管理

526   90016442

讀者意見回函卡

No. _____   填寫日期：　年　月　日

感謝您購買本公司出版品。為提升我們的服務品質，請惠填以下資料寄回本社【或傳真(02)2367-1457】提供我們出書、修訂及辦活動之參考。您將不定期收到本公司最新出版及活動訊息。謝謝您！

姓名：_____　性別：1□男　2□女

職業：1□教師 2□學生 3□上班族 4□家庭主婦5□自由業6□其他____

學歷：1□博士 2□碩士 3□大學 4□專科 5□高中 6□國中 7□國中以下

服務單位：_____　部門：_____　職稱：_____

服務地址：_____　電話：_____　傳真：_____

住家地址：_____　電話：_____　傳真：_____

電子郵件地址：_____

書名：_____

一、您認為本書的優點：（可複選）

　❶□內容 ❷□文筆 ❸□校對 ❹□編排 ❺□封面 ❻□其他____

二、您認為本書需再加強的地方：（可複選）

　❶□內容 ❷□文筆 ❸□校對 ❹□編排 ❺□封面 ❻□其他____

三、您購買本書的消息來源：（請單選）

　❶□本公司 ❷□逛書局⇒_____書局 ❸□老師或親友介紹

　❹□書展⇒____書展 ❺□心理心雜誌 ❻□書評 ❼其他_____

四、您希望我們舉辦何種活動：（可複選）

　❶□作者演講 ❷□研習會 ❸□研討會 ❹□書展 ❺□其他____

五、您購買本書的原因：（可複選）

　❶□對主題感興趣 ❷□上課教材⇒課程名稱_____

　❸□舉辦活動 ❹□其他_____

（請翻頁繼續）

廣　告　回　信
台灣北區郵政管理局登記證
北 台 字 第 8133 號
（免貼郵票）

心理出版社 股份有限公司

台北市 106 和平東路一段 180 號 7 樓

TEL: (02) 2367-1490
FAX: (02) 2367-1457
EMAIL:psychoco@ms15.hinet.net

沿線對折訂好後寄回

六、您希望我們多出版何種類型的書籍

❶□心理　❷□輔導　❸□教育　❹□社工　❺□測驗　❻□其他

七、如果您是老師，是否有撰寫教科書的計劃：□有□無

　　書名／課程：_____

八、您教授／修習的課程：

上學期：_____

下學期：_____

進修班：_____

暑　假：_____

寒　假：_____

學分班：_____

九、您的其他意見

_____

謝謝您的指教！　　　　　　　　　　　　　　41039